KIANO ABIOYE

ÄTHIOPISCHES

— KOCHBUCH —

Email: info@edition-jt.de
www.edition-jt.de

JT Handels UG
Berumer Str. 44
26844 Jemgum

Vorwort

Äthiopische Küche ist intensiv und scharf. Doch die ostafrikanische Landesküche steht für noch sehr viel mehr. Die Speisen selbst lassen sich aufgrund ihrer Einfachheit wunderbar auf individuelle Wünsche anpassen und nach den persönlichen Vorlieben würzen. Weiterhin zeichnen sich äthiopische Gerichte durch eine simple Strukturierung und gesunde Komponenten aus. Sie sind einfach nachzukochen. Dadurch wird dem (Hobby-)Koch ein einfaches und naturverbundenes Geschmackserlebnis bei Tisch geschenkt. Es ist faszinierend, wie aus relativ wenigen Zutaten alltägliche und aromatische Speisen zubereitet werden können – und das werden Sie nun bald alles selbst erfahren und genießen! Lassen Sie sich verzaubern von der exotischen Würze, dem puren Geschmack frisch zubereiteter Lebensmittel und der Harmonie der zusammenwirkenden Nahrungsmittel!
In diesem Sinne ...

Guten Appetit!

 INHALT

Die Kulinarik Ostafrikas

Äthiopien ist etwa dreimal so groß wie Deutschland. Die Mahlzeiten von der auf Meeresspiegel gelegenen Danakil-Senke bis hin zu den über 3.000 Meter hohen Plateauebenen fallen daher vollkommen unterschiedlich aus. Verschiedene Kulturen regierten über die Zeit das Gebiet des heutigen Äthiopiens. Aus diesen Veränderungen resultieren einige Unterschiede im ostafrikanischen Land. Und dennoch verbinden verschiedene kulinarische Einflüsse ein paar grundlegende Pfeiler der äthiopischen Küche. Und diese in mehr als 3.000 Jahren gewachsene eigenständige Küche möchte ich Ihnen nun etwas genauer vorstellen. In Äthiopien wird die Nahrungsaufnahme nicht nur als Überlebensmaßnahme und leckere Energieversorgung angesehen. Sie wird vielmehr als die ganzheitliche Versorgung von Körper und Seele betrachtet, sodass die Kulinarik in diesem ostafrikanischen Land in der Regel auch auf Gesellschaft ausgerichtet ist. Gemeinschaftliche Kommunikation und separate Einflüsse des Individuums übertragen sich in den Vorstellungen somit als Wissen und Erkenntnis für die gesamte Gruppe. Gemäß der Aussage Waldä Heywat – eines Schülers Zär´A Yaqobs, des großen äthiopischen Philosophen des 17. Jahrhunderts – leben die Äthiopier das Essen nach einem besonderen Motto: „Wähle beste Speisen, bereite sie sorgfältig und säuberlich zu. Gott gab euch die Weisheit, köstliche Mahlzeiten zu bereiten, um eure Seelen zu nähren."

Typisch für die äthiopische Küche

Neben der Versorgung mit Energie entfacht das Essen noch eine weitere Dimension: Es ist das Übertragungsmittel gelebter positiver Energie. Auf Amharisch – der meistgesprochenen Sprache im Land – gibt es einen Begriff für die gemütliche und kollektive Nahrungsaufnahme: Enebla. Übersetzt werden kann es in etwa mit den Worten „Lasst uns essen!". Ein separates Essen für sich allein in der kleinen Kemenate ist in Äthiopien nicht vorgesehen. Und noch ein weiteres Indiz steht für diese gemeinschaftliche, zum Teilen angelegte Esskultur: das Injera. Hinter diesem Hauptbestandteil der äthiopischen Küche verbirgt sich ein angesäuertes Fladenbrot. Es wird nahezu bei allen Gerichten gereicht. Allein die Integration dieses Brotes vermittelt das Prinzip des Teilens, der Fürsorge für den Mitmenschen und der gemeinsamen Zeit. Dank seiner Beschaffenheit lässt es sich in kleine Stücke reißen, mit denen andere Komponenten der jeweiligen Mahlzeit aufgenommen werden. Und spätestens jetzt wird auch klar, dass es in der traditionellen äthiopischen Küche keine persönlichen Sets und individuelle Teller gibt. Aus dem großen Ganzen – wenn auch separat in Körbchen und mitunter in Gängen dargeboten – nimmt sich jeder Teilnehmer aus der Gruppe seinen

Anteil. In Äthiopien werden Zusammenkünfte sogar regelrecht mit Festivitäten zelebriert. Diese als Mahbers bezeichneten Anlässe dienen der reinen Festigung der Gemeinschaft und werden als städtische, regionale und überregionale Feierlichkeiten gelebt.

Eine weitere Besonderheit ist im äthiopischen Kaffee zu bestaunen. Er genießt im Land einen besonders hohen Stellenwert. Tatsächlich ist er nach der südwestlichen Provinz Kaffa sogar benannt. Einer traditionellen Kaffeezeremonie beizuwohnen, stellt für Besucher dieses ostafrikanischen Landes ein Highlight dar. Nach dem Rösten und dem Brühen in der Jabana – traditioneller Tonkanne – bekommt der Genießer drei Tassen gereicht. Ja, der Kaffeesud wird dreimal aufgebrüht. So wartet im ersten Gang purer Genuss. In den weiteren Darreichungen werden Sorgen und Gedanken besprochen und beim dritten ein Segen gespendet.

TYPISCHE LEBENSMITTEL DER ÄTHIOPISCHEN KÜCHE

Eine große Bedeutung kommt dem **Injera** bei. Hierbei findet der Freund äthiopischer Küche einen Bestandteil der hiesigen Küche und gleichzeitig ein Hilfsmittel der landestypischen Esskultur vor. Das universelle Fladenbrot darf bei keinem Dinner fehlen. Mit der rechten Hand lässt es sich greifen und mit ihm lose Bestandteile aufnehmen. Nahezu überall wird das leicht schwammartige Fladenbrot aus Sauerteig gereicht oder dient als Upgrade für diverse Currys. Des Weiteren fungiert es regelmäßig als Besteck oder Teller. Dips, Reis und Co. werden auf diesem Weg unkompliziert vom Tablett oder aus dem Körbchen genommen.

Neben dem Injera kristallisieren sich die **Wats** in Form von Eintöpfen und Currys als eine weitere Kernkomponente der äthiopischen Esskultur heraus. Diese fallen durchaus vielseitig aus, wenn sie auch oft auf Linsen und Kichererbsen basieren. Außerdem ist die äthiopische Küche reich an vegetarischen Gerichten. Ganz klar geht das auf die wöchentlichen Fastentage orthodoxer

Christen zurück. Streng religiöse Äthiopier zelebrieren jeden Mittwoch und Freitag diese kulinarische Reinigung des eigenen Tempels. Da die Gerichte von einer sehr intensiven Würzung charakterisiert sind, lockt mit oder ohne Fleisch stets ein einmaliger Genuss. Und dazu ein gesunder! Denn nicht nur im kleinsten Getreide der Welt – dem **Teff**, dem Superfood – stecken Proteine, Eisen, Vitamin C und einige Aminosäuren. Auch in den verschiedenen **Hülsenfrüchten** und der hohen Frequenz an **Gemüse** in der Küche findet der Gaumenfreund jede Menge Power.

Zudem besitzt Äthiopien den größten Viehbestand des gesamten Kontinents. Da wundert es nicht, dass tierische Produkte wie vor allem das Rindfleisch so frequent genutzt werden. Doch auch tierische Produkte wie Eier und Milch gehören zum Küchenalltag. Speziell die geklärte Butter erweist sich als typisch für die Landesküche. Die Transformation von der frischen Kuhmilch über den Joghurt bis hin zur aromatischen Würzbutter wird in unterschiedlichen Regionen des Landes auch nach verschiedenen Herstellungsmethoden realisiert. Daher variieren die einzelnen Geschmacksrichtungen der Niter Kebbeh durchaus sehr. Die Verarbeitung in einem amphorengleichen Krug – der Ensera – ist dabei vielfach gleich.

Als weitere Hauptkomponente der äthiopischen Küche sind die **Gewürze** anzusehen. Aus diesem Grund ist die landestypische Küche auch eher als würzig bis scharf anzusehen. Beim Nachkochen lässt sich das prima auf die eigenen Vorlieben anpassen. Die Intensität der Würzmischungen symbolisiert hierbei die Reinigung von Körper und Seele durch die pure Energie in Korn, Kapsel und Schote. Ohne das traditionelle **Berbere** – ein Mix aus Bockshornklee, Cayenne, Ingwer, Kurkuma, Nelke, Paprika und Zimt – kommt förmlich kein Rezept aus. Das äthiopische Gewürzregal besteht aus diesen gängigen und aromatisierenden Pflanzen:

- Besobela (Indisches Basilikum)
- Koseret (Äthiopischer Oregano)
- Dimbilal (Koriander)
- Kemum (Kreuzkümmel)
- Nech Shinkurt (Knoblauch)
- Zinjibel (Ingwer)
- Korarima (Äthiopischer Kardamom)

BESONDERHEITEN DER ÄTHIOPISCHEN KÜCHE

Die äthiopische Küche offenbart dem Genießer einen ganz anderen Kulturkreis als den gewohnten. Dabei erweisen sich kleine Feinheiten neben den Gerichten selbst als regelrechte Besonderheiten.

+ **Gemeinschaftliches Speisen** – Ganz traditionell werden äthiopische Gerichte auf einer silbernen Platte in einem Flechtkorb (Mesob) serviert – das ließe sich auch im Privaten beim Nachkochen als Besonderheit ganz einfach umsetzen. Die unterschiedlichsten Mahlzeiten werden folglich auf den Silbertabletts – original auf einem sehr großen Tablett – angerichtet. Im freudigen Plausch und mitunter durch eine kleine Ansprache des Gastgebers wird dies exotische Buffet nun eröffnet. Da alle Mitessenden rund um den Tisch sitzen, arbeitet sich förmlich jeder aus seiner Richtung gen Mitte vor. Aus diesem Grund werden traditionell die Speisen in Ringformen und nach Zutaten kreisförmig auf dem Tablett angerichtet. Zusätzliche Körbe enthalten zudem Highlights wie Brötchen, kulinarische Highlights und oft Desserts.

+ **Mit der rechten Hand essen** – Eine weitere Besonderheit umfasst das Aufnehmen der Speisenkomponenten. Generell entnehmen die Teilnehmer im Verlauf der Zeit immer wieder einzelne Bestandteile wie Obst, Fleischstücke oder auch Küchlein. Und dies erfolgt stets mit der rechten Hand. Das gilt es zu wissen, falls Sie einmal zu einem äthiopischen Abendessen oder Ähnlichem eingeladen sind.

+ **Ein Schälchen Wasser** – Da am äthiopischen Tisch mit der rechten Hand gegessen wird, bedarf es deren Reinigung zwischen den Gängen. Zum einen aus Respekt vor den Lebensmitteln und andererseits zur Vermeidung von Verunreinigungen der einzelnen Speisenkomponenten steht daher in der Regel eine kleine Schale am Platz. Diese sollte nach den einzelnen Gängen natürlich ebenso mit frischem Wasser gefüllt werden.

Frühstück

Zu Beginn des Tages bedarf es einiger Energien für den anstrengenden Tag. Der äthiopische Frühstückstisch präsentiert sich durchaus vielseitig, von warm bis kalt und süß bis herzhaft.

DATTEL-ORANGEN-MARMELADE

750 g

2 Std.
25 Min.

Leicht

Zutaten

350 ml Wasser
4 Orangen + ½ Zitrone
2 EL flüssiger Honig

Küchenutensilien:
3 Marmeladengläser à 250 g
1 Küchentuch
1 Schüssel
1 Zestenreißer
1 Topf
1 Standmixer

Nährwerte p. P.

79 kcal
18 g Kohlenhydrate
1 g Fett
1 g Eiweiß

1 Datteln mit einem feuchten Küchentuch abreiben. Sie werden der Länge nach halbiert und vom Stein gelöst. Zitrusfrüchte heiß abspülen sowie abtrocknen.

2 Orangen über einer Schüssel zu Scheiben schneiden. Dabei den Saft auffangen. Die Ker-ne entfernen. Mit dem Zestenreißer die Schale der Zitrone abziehen.

3 Im großen Topf die Orangen samt Saft und Datteln mit 350 ml Wasser aufkochen. An-schließend Honig, Schalenabrieb sowie Saft der Zitrone unterrühren. Das Ganze bei schwacher Hitze ca. zwei Stunden einköcheln lassen. Es sollte eine sämige Fruchtmasse entstehen.

4 Marmelade abkühlen lassen. Mit dem Mixer pürieren. Wenn sie zu dick wird, Wasser angießen.

5 Gläser heiß auswaschen und füllen. Luftdicht hält der Aufstrich mehrere Monate.

CHECHEBSA

ÄTHIOPISCHES FRÜHSTÜCK

 4 Port.
 25 Min.
 Leicht

Zutaten

250 g Vollkornmehl
150 ml Wasser
4 EL Niter Kebbeh
1 EL Pflanzenöl
2 TL Berbere
½ TL Salz

Küchenutensilien:
1 Pfanne
1 Schüssel
1 Schneebesen

Nährwerte p. P.

283 kcal
38 g Kohlenhydrate
11 g Fett
7 g Eiweiß

1 In der großen Pfanne wird das Öl erhitzt.

2 Mehl und Salz in der Schüssel vermischen. Mit dem Schneebesen 100 ml Wasser unterrühren. Das restliche Wasser nur verwenden, bis ein glatter Teig entsteht.

3 Bei mittlerer Hitze einen Teil des Teiges in die Pfanne gegeben und großflächig verteilen. In ca. 3 - 5 Minuten sollte die Unterseite leicht angebräunt sein.

4 Den Kitafladen wenden und nochmals zwei Minuten durchbraten. Das Ganze ein wenig abkühlen lassen. Danach wird jeder Fladen zu ca. 2,5 cm großen Stücken gerissen.

5 In der Pfanne die Gewürzbutter schmelzen lassen und das Berbere-Gewürz einrühren. Danach darin die Kita-Teigstücke schwenken. Den Pfanneninhalt nun ein paar Minuten aufkochen, bis alles erwärmt ist.

SHIRO-SANDWICH

6 Port.

1 Std. 50 Min.

Leicht

Zutaten

600 g Würstchen
350 g Vollkornmehl
65 g Shiro-Mehl (Hülsenfrüchtemehl)
240 ml lauwarmes Wasser
185 ml Olivenöl
6 Cocktailtomaten
6 Basilikumblätter
1 Knoblauchzehe
1 Eigelb
1 TL Schnittlauchröllchen
1 TL Trockenhefe
1 TL Senf
1 TL Salz
¼ TL Mitmita

Küchenutensilien:
1 große Schüssel
1 Küchentuch
1 Schüssel
1 Backblech
Backofen

Nährwerte p. P.

787 kcal
43 g Kohlenhydrate
59 g Fett
20 g Eiweiß

1 In der Schüssel das Mehl, die Hälfte Shiro, Hefe und das Salz vermischen. Dazu das Wasser nach und nach angießen. Nach fünf Minuten Kneten sollte ein fester Teig entstehen, der glatt ist und nur leicht klebt.

2 Auf der Küchenplatte das restliche Shiro verteilen. Den Teig in zwei Stränge trennen und diese auf ein Backblech legen. Das überschüssige Shiro von der Arbeitsplatte darauf streuen. Mit einem Küchentuch bedeckt, den Teig folglich 45 Minuten bei Zimmertemperatur ziehen lassen.

3 Backofen auf 200 Grad Celsius aufheizen. Die Brote mehrmals schräg einschneiden. Diese im Ofen ca. 25 – 30 Minuten backen. Klingen sie hohl beim Klopfen, sind sie fertig.

4 Für die Remoulade Knoblauch schälen und in eine Schüssel pressen. Mit dem Schneebesen Senf, Knoblauch sowie Eigelb vermischen. Nach und nach 175 ml Öl hinzugießen.

5 Wenn die Remoulade sich verbindet und Volumen gewinnt, Schnittlauch unterrühren. Danach mit Mitmita abschmecken. Die Aioli sollte bis zur Verwendung kühl lagern.

6 Die Würste mit dem restlichen Öl in der Pfanne anbraten oder im Ofen grillen.

7 Die Stangenbrote aufschneiden und gut mit Aioli bestreichen. Tomaten waschen und halbieren. Diese mit den Würsten und Basilikum auf die Brote geben.

GENFO

GERSTEN-PORRIDGE

4 Port. 30 Min. Leicht

Zutaten

250 g Gerstenmehl
150 g Niter Kebbeh (oder andere geklärte Butter)
80 g Naturjoghurt
1 l Wasser
1 EL Berbere
½ TL Salz

Küchenutensilien:
4 Servierschüsseln
2 Töpfe
1 Holzlöffel

Nährwerte p. P.

413 kcal
37 g Kohlenhydrate
29 g Fett
2 g Eiweiß

1 Einen Topf mit 500 ml Wasser und dem Salz aufkochen. Einen zweiten Kochtopf ebenfalls mit 500 ml Wasser erhitzen.

2 Mehl in den Salzwassertopf gießen sowie alles mit dem Holzlöffel umrühren. Die Mischung sollte langsam eindicken. Danach langsam den Inhalt des zweiten Topfes angießen. Es soll ein geschmeidiger, eingedickter Teig entstehen. Eventuell wird nicht das ganze Wasser benötigt.

3 Teig in die Servierschüsseln geben. Mit der Hand eine Kugel formen sowie mittig je eine Mulde eindrücken.

4 Im kleinen Topf Butter zerlassen und das Berbere einrühren. Diese Flüssigkeit wird in die Mulde gegossen.

5 Joghurt um die Gerstenkugel verteilen. Mit einem Teelöffel Berbere-Flüssigbutter beträufeln.

YE HABESHA ENQULAL FIRFIR

RÜHREI MIT RINDERHACK

2 Port. 25 Min. Leicht

Zutaten

60 g Rinderhackfleisch
6 Eier
½ Zwiebel
3 EL Wasser
2 EL Rapsöl
1 EL Jalapeño-Chilischote (fein gehackt)
1 TL Knoblauch (fein gehackt)
½ TL Berbere
½ TL Niter Kebbeh
1 Prise Salz
1 Prise schwarzer Pfeffer (frisch gemahlen)

Küchenutensilien:

3 Schüsseln
1 Pfanne

Nährwerte p. P.

415 kcal
2 g Kohlenhydrate
36 g Fett
23 g Eiweiß

1 In der Pfanne das Hackfleisch in einem Esslöffel Öl für fünf Minuten leicht braun anbraten. Anschließend in einer Schüssel beiseitestellen.

2 Zwiebel schälen und fein hacken. In derselben Pfanne die Zwiebel in ca. fünf Minuten glasig andünsten. Knoblauch unterrühren und eine Minute garen.

3 Wenn es aromatisch duftet, werden Berbere und drei Esslöffel Wasser beigemengt. Das Ganze zugedeckt bei schwacher Hitze fünf Minuten garen lassen, bevor das Hackfleisch untergerührt wird. Das Ganze in der zweiten Schüssel zur Seite stellen.

4 In der dritten Schüssel die Eier aufschlagen sowie mit Salz und Pfeffer würzen. Diese in der gesäuberten Pfanne bei mittlerer Hitze für 30 Sekunden im restlichen Öl stocken lassen.

5 Hackfleisch in die Eierpfanne geben und alles gut vermischen. Kurz bevor das Rührei komplett stockt, Jalapeño sowie die Butter unterrühren.

FUL

FRÜHSTÜCKSBOHNEN

2 Port. 35 Min. Leicht

Zutaten

250 g Foul Medammas (oder Dicke Bohnen)
40 g Naturjoghurt
500 ml Wasser
2 Eier
1 Zwiebel
1 Eiertomate
½ Jalapeño-Chilischote
3 EL Sonnenblumenöl (oder Rapsöl)
1 - 2 TL Salz

Küchenutensilien:
2 Pfannen
1 Topf
1 Schaumkelle

Nährwerte p. P.

235 kcal
5 g Kohlenhydrate
20 g Fett
7 g Eiweiß

1 Bohnen im Topf mit 500 ml Wasser aufkochen. Sie verbleiben bis zur späteren Verwendung in der Flüssigkeit im Topf.

2 Zwiebel schälen sowie davon ¼ zu Spalten schneiden und ¾ fein hacken. Jalapeño waschen sowie zu Ringen schneiden. Tomate waschen, entstielen, von Samen befreien und klein würfeln.

3 In der Pfanne zwei Esslöffel Öl bei schwacher bis mittlerer Temperatur erhitzen. Die Zwiebel darin 8 - 10 Minuten glasig anbraten. Nun mittels Schaumkelle die Bohnen hinzugeben.

4 Den Pfanneninhalt ausgiebig salzen. Ein wenig Bohnenwasser angießen und die Bohnen mit dem Löffelrücken zerdrücken. Alles gut miteinander vermengen. Notfalls mehr Bohnenwasser hinzufügen.

5 In der zweiten Pfanne im restlichen Öl die aufgeschlagenen Eier unter Umrühren anbraten.

6 Die Bohnen im länglichen Streifen anrichten. Auf einer Seite finden die Zwiebelspalten, auf der anderen Seite die Tomatenwürfel ihren Platz.

7 Die Eiermasse auf den Bohnen anrichten. Darauf werden die Jalapeño-Ringe verteilt. Den Joghurt auf einer freien Stelle oder in einem kleinen Schälchen arrangieren.

KINCHE

FASTENBULGUR

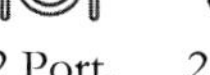

2 Port. 25 Min. Leicht

Zutaten

175 g Bulgur
600 ml Gemüsebrühe
1 Zwiebel
3 EL Sonnenblumenöl (oder Rapsöl)
1 TL Salz

Küchenutensilien:
1 tiefe Pfanne

Nährwerte p. P.

386 kcal
36 g Kohlenhydrate
24 g Fett
6 g Eiweiß

1 Öl in der Pfanne auf mittlere Temperatur erhitzen. Zwiebel schälen sowie fein hacken. Diese in der Pfanne ca. fünf Minuten glasig andünsten.

2 Bulgur hinzufügen und ca. zwei Minuten garen. Er sollte ebenfalls glasig wirken und leicht duften.

3 Brühe angießen, salzen sowie alles gut umrühren. Unter dem Deckel das Ganze bei schwacher Temperatur nun ca. zwölf Minuten köcheln lassen. Die Flüssigkeit sollte komplett aufgesogen sein. Vor dem Servieren mit einer Gabel auflockern.

ATER WAT FITFIT

INJERAERBSEN

4 Port.

13 Std.

Leicht

Zutaten

250 g gelbe Erbsen (getrocknet)
1 l Wasser
2 Injera
2 Jalapeño-Chilischoten
1 Zwiebel
3 EL Sonnenblumenöl (oder Rapsöl)
1 TL Knoblauch (gehackt)
1 TL Salz
½ TL Ingwer (frisch gerieben)
¼ TL Kurkuma (gemahlen)
¼ TL Ajowan (oder Kümmel)

Küchenutensilien:
1 Schüssel
1 Sieb
1 Pfanne

Nährwerte p. P.

205 kcal
7 g Kohlenhydrate
18 g Fett
4 g Eiweiß

1 Gelbe Erbsen verlesen, putzen und mögliche Steinchen entfernen. In der Schüssel die Erbsen in etwa 250 ml kaltem Wasser bedeckt über Nacht einweichen. Am nächsten Tag im Sieb abspülen sowie abtropfen lassen.

2 Im Kochtopf mit 750 ml Wasser die Erbsen nun aufkochen. Unter geschlossenem Deckel und bei schwacher Hitze ca. 30 Minuten kochen lassen. Wenn die Erbsen weich sind, diese im Sieb abgießen. Den Garfond dabei auffangen.

3 Zwiebel schälen und fein hacken. Anschließend in der Pfanne im erhitzten Öl ca. 8 - 10 Minuten anbraten.

4 Erst Knoblauch und Ingwer dazugeben und eine Minute mitköcheln lassen. Danach Kurkuma sowie Ajowan unterrühren. Das Ganze unter aufgelegtem Deckel bei niedriger Temperatur ca. zehn Minuten garen lassen. Es soll leicht andicken. Notfalls mit dem Fond auffüllen, damit ein wenig Sauce bleibt und die Erbsen nicht ansetzen.

5 Jalapeño waschen sowie der Länge nach vierteln. Injera zusammenrollen und zu etwa 2,5 cm breiten Röllchen schneiden. Injera-Röllchen sowie Jalapeñoviertel auf den Erbsen arrangieren.

Salate

Frisch für zwischendurch oder als Beilage zu einem Gericht vermögen Salate Fruchtigkeit, Leichtigkeit und die wundervolle Aromenvielfalt zu bieten. Sie dienen mitunter auch als kleiner Zwischensnack.

AZIFA
LINSENSALAT

4 Port. | 4,5 Std. | Leicht

Zutaten

200 g Linsen
2 grüne Chilischoten
2 Tomaten
2 Limetten
1 rote Zwiebel
2 EL Pflanzenöl
1 EL Dijon-Senf
½ TL schwarzer Pfeffer (frisch gemahlen)
½ TL Ingwer (frisch gerieben)

Küchenutensilien:
1 Topf

Nährwerte p. P.

215 kcal
23 g Kohlenhydrate,
6 g Fett
15 g Eiweiß

1 Linsen abspülen und im Topf mit 500 ml Wasser ca. 25 Minuten kochen lassen.

2 Währenddessen Chili waschen, entkernen sowie hacken. Tomaten waschen, den Blütenansatz abschneiden sowie fein hacken. Zwiebel schälen und hacken. Limetten halbieren sowie entsaften.

3 Alle in Schritt 2 vorbereiteten sowie die übrigen Zutaten mit den weichen Linsen vermischen.

4 Das Ganze komplett auskühlen lassen. Im Kühlschrank vermischen sich die Aromen in ca. 2 - 4 Stunden am besten. Kalt servieren.

TIMATIM

TOMATENSALAT

4 Port. 15 Min. Leicht

Zutaten

50 ml Rapsöl
4 Tomaten
2 Jalapeño-Schoten
2 Knoblauchzehen
Saft 1 Zitrone
½ rote Zwiebel
3 EL Weißweinessig (oder Rotweinessig)
2 TL Berbere

Küchenutensilien:
1 große Schüssel
1 kleine Schüssel

Nährwerte p. P.

163 kcal
8 g Kohlenhydrate
14 g Fett
1 g Eiweiß

1 Tomaten waschen, Blütenstiel entfernen und würfeln. Jalapeños waschen, halbieren und von den Kernen und Häutchen befreien. Danach die Schoten klein hacken. Knoblauch schälen und fein hacken. Zwiebel schälen und würfeln.

2 Die Zutaten aus Schritt 1 in einer großen Schüssel vermischen. Die restlichen Zutaten in einer kleineren Schüssel zu einem Dressing verquirlen.

3 Das Dressing über den Salat gießen und anschließend kühl stellen. Gekühlt wird der Tomatensalat in der Regel mit Injera-Stücken gereicht.

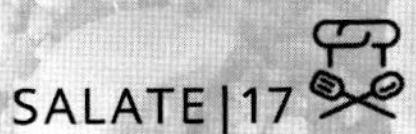

FRISCHER REIS

4 Port. 1 Std. Leicht

Zutaten

800 g Basmatireis
1,5 l Wasser
4 Tomaten
1 Zwiebel
2 EL Rapsöl
4 TL Zitronensaft (frisch gepresst)
Je ½ TL Kreuzkümmel und Kurkuma (gemahlen)

Küchenutensilien:
1 Schüssel
1 Sieb
1 Topf

Nährwerte p. P.

609 kcal
125 g Kohlenhydrate
6 g Fett
12 g Eiweiß

1 Zwiebel schälen und ganz fein hacken. Den Reis abspülen und mit 500 ml Wasser bedeckt ca. 30 Minuten in der Schüssel ziehen lassen. Im Sieb anschließend abtropfen lassen.

2 Im Topf das Öl erhitzen. Darin die Zwiebeln bei mittlerer Temperatur ca. acht Minuten leicht gebräunt anbraten. Kurkuma sowie Kreuzkümmel dazugeben und alles gut mischen.

3 Den Reis untermengen und das Ganze nochmals 1 - 2 Minuten garen. Das restliche Wasser angießen. Das Ganze zugedeckt bei schwacher Hitze etwa 15 Minuten garen, bis der Reis weich ist. Danach den Reis abkühlen lassen.

4 Tomaten waschen, deren Samen und Stielansätze entfernen sowie das Tomatenfleisch zu kleinen Würfeln schneiden.

5 Vor dem Servieren die Tomaten dem Reis untermengen und das Ganze mit dem Zitronensaft beträufeln.

SHIRO-SALAT

6 Port. 45 Min. Leicht

Zutaten

80 g Mitten Shiro
70 g Teffmehl
70 g Semmelbrösel
70 g Feta
60 g Butter
50 g Spinatblätter
250 ml Vollmilch
250 ml Rapsöl
12 Blätter Batavia (oder anderer Salat)
2 Eier
1 Injera
1 grüne Paprika
1 Handvoll Radieschen
1 Handvoll Weintrauben
1 Handvoll Eiertomaten
6 EL Olivenöl
2 EL Knoblauch (frisch gehackt)
2 EL Ingwer (frisch gerieben)
2 TL Zitronensaft
1 TL Balsamicoessig
1 TL Petersilie (frisch gehackt)
1 Prise Salz
1 Prise schwarzer Pfeffer (frisch gemahlen)

Küchenutensilien:
5 Schüsseln
2 Töpfe
1 viereckige Auflaufform
1 Pfanne
1 Schaumkelle
1 Rührschüssel
1 Backblech
Backofen
Küchenpapier

Nährwerte p. P.

659 kcal
26 g Kohlenhydrate
59 g Fett
8 g Eiweiß

1 Im Topf die Milch erhitzen und anschließend das Shiro-Mehl einrühren. Binnen drei Minuten entsteht eine cremige, duftende Masse. Zwei Esslöffel Öl unterrühren und das Ganze in eine viereckige Form füllen.

2 Nach dem vollständigen Abkühlen die feste Shiro-Masse in ca. 2 - 3 cm große Würfel schneiden.

3 Die drei Schüsseln einmal mit Teffmehl, des Weiteren mit den aufgeschlagenen Eiern sowie den Semmelbröseln füllen. Die Shiro-Würfel erst in Mehl, dann in den Eiern und final in den Bröseln wälzen.

4 Rapsöl in der Pfanne erhitzen. Darin die Shiro-Würfel in etwa 20-30 Sekunden portionsweise goldbraun backen. Diese mit der Schaumkelle entnehmen und auf dem Küchenpapier abtropfen.

5 Den Backofen auf 150 Grad Celsius Oberhitze vorheizen. Spinat waschen, trocken tupfen sowie klein zupfen. In der vierten Schüssel diesen mit Knoblauch und Ingwer vermengen.

6 Butter im Topf zerlassen. Das Injera mit der Butter benetzen und mit der Spinat-Knoblauch-Ingwer-Mischung bestreuen. Das Ganze für 10 Minuten auf dem Backblech in den Ofen schieben. Es sollte knusprig werden. Abgekühlt wird es in kleine Stücke gebrochen.

7 Radieschen putzen und in dünne Scheiben schneiden. Die Trauben waschen und halbieren. Tomaten waschen, zu Vierteln schneiden und vom Stielansatz befreien. Paprika waschen, die Samen entfernen und die Schote klein würfeln. Den Fetakäse zerbröseln.

8 Die restlichen Zutaten in der fünften Schüssel zu einer Vinaigrette mischen.

9 Alle vorbereiteten Einzelkomponenten in der großen Rührschüssel miteinander vermischen und servieren. Die Vinaigrette kann auch erst am Platz über den Salat geträufelt werden.

KÖRNIGER TEFFSALAT

4 Port. 30 Min. Leicht

Zutaten

250 g Ayib (oder Ricotta)
250 g Teffkörner
720 ml Wasser
120 ml Olivenöl
16 Cocktailtomaten
4 Salatblätter
1 EL Weißweinessig (oder Balsamicoessig)
1 EL Petersilie (frisch gehackt)
½ EL Zitronensaft
1 TL Minze (frisch gehackt)
½ TL Mitmita
½ TL Salz
½ TL schwarzer Pfeffer (frisch gemahlen)

Küchenutensilien:
4 Schüsseln
1 Pfanne

Nährwerte p. P.

462 kcal
33 g Kohlenhydrate
32 g Fett
10 g Eiweiß

1 Den Frischkäse mit Mitmita in einer Schüssel vermengen.

2 In der Pfanne die Teffkörner ohne Fett ca. drei Minuten rösten. Anschließend mit dem Wasser angießen. Das Ganze zugedeckt unter gelegentlichem Umrühren für 7 - 10 Minuten garen.

3 In der zweiten Schüssel das Teff abkühlen lassen. Die Körner auflockern und mit Minze, Petersilie, Salz sowie Pfeffer würzen.

4 Essig, Olivenöl und Zitronensaft mit ein wenig Pfeffer in der dritten Schüssel mischen.

5 Salatblätter waschen und in mundgerechte Streifen schneiden. In der vierten Schüssel die geputzten und halbierten Tomaten mit dem Salat vermengen. Etwa ¾ der Vinaigrette darüber gießen. Das Ganze etwas durchziehen lassen. Den Rest des Dressings unter die Körner rühren.

6 Salat-Tomaten-Mischung auf Teller anrichten. Treffkörner darüber geben. On top wird der bröckelige Frischkäse gegeben.

GEMÜSESALAT

4 Port.

1 Std.

Leicht

Zutaten

200 g Möhren
200 g Süßkartoffeln
200 g grüne Bohnen
200 g Erbsen
125 g Sonnenblumenkerne
75 g Sojamehl
950 ml Wasser
4 Salatblätter
1 EL scharfer Senf
1 EL Dijonsenf
½ TL Salz
½ TL schwarzer Pfeffer

Küchenutensilien:

1 Topf
1 Sieb
1 Standmixer
1 Schüssel

Nährwerte p. P.

428 kcal
53 g Kohlenhydrate
16 g Fett
14 g Eiweiß

1 Möhren sowie Kartoffeln schälen, abspülen und zu etwa 1 cm großen Würfeln schneiden. Bohnen putzen und ebenfalls zu gleich großen Stücken verarbeiten. Salat waschen und abtrocknen.

2 Im Wassertopf die Sonnenblumenkerne für ca. drei Minuten blanchieren. Anschließend im Sieb aufgefangen und in den Standmixer gegeben. Unter Zugabe von 950 ml Wasser zu einem weichen Püree mixen und ca. zehn Minuten in einer Schüssel ziehen lassen. Das Püree durch das Sieb passieren und die festen Bestandteile entsorgen.

3 Im Topf 700 ml der passierten Flüssigkeit erhitzen. Nachdem das Mehl eingerührt worden ist, das Ganze bei mittlerer Temperatur etwa 20 Minuten köcheln lassen. In die cremige Paste nun die beiden Senfarten untermischen.

4 Im Wassertopf die Möhren und Bohnen ca. zwölf Minuten kochen lassen. In den letzten acht Minuten die Kartoffelstücke und in den letzten 3 - 4 Minuten die Erbsen hinzugeben. Das Gemüse im Sieb kalt abschrecken.

5 In einer Schüssel das Gemüse mischen sowie salzen und pfeffern. Vor dem Servieren die Teller mit Salat auslegen, Gemüsemischung darauf arrangieren und alles mit der Sauce beträufeln.

GRANATAPFEL-REIS

2 Port. 25 Min. Leicht

Zutaten

200 g Jasminreis
200 g Vermicelli
400 ml Wasser
1 Granatapfel
½ Zwiebel
2 EL Niter Kebbeh
1 TL Ingwer (frisch gerieben)
1 TL Petersilie (frisch gehackt)
1 TL Pistazien (frisch gehackt)

Küchenutensilien:
2 Pfannen
2 Schüsseln
1 Topf

Nährwerte p. P.

352 kcal
71 g Kohlenhydrate
5 g Fett
7 g Eiweiß

1 Zwiebel schälen und fein hacken. Reis in der Schüssel mit 200 ml Wasser ca. 12 – 15 Minuten einweichen. 50 g Reis anschließend in der Pfanne in einem Esslöffel Butter mit Zwiebel und Ingwer anbraten.

2 Die Fadennudeln für ca. 2 - 3 Minuten in kochendes Wasser geben. Danach in einem Esslöffel Würzbutter in der Pfanne anbraten. Sie sollen richtig knusprig werden.

3 Derweil die Granatapfelkerne aus der Frucht lösen. Reis, Knusperreis, Fadennudeln sowie Granatapfelkerne miteinander vermischen.

4 Final Petersilie sowie Pistazienkerne on top auf dem Reissalat verteilen.

Brote

Verschiedene Backwaren fungieren als verbindendes Element unterschiedlicher Speisenkomponenten zu Tisch. So werden in der Regel Teile aus einem Laib herausgerissen und mit diesem Wats, Saucen oder auch Gemüse aufgenommen. Insbesondere das Injera fungiert als eine Art Besteck und Teller zugleich.

INJERA

ÄTHIOPISCHES FLADENBROT

 6 Port.
 5 Tage
 Leicht

Zutaten

400 g Teffmehl
600 ml destilliertes Wasser
350 - 400 ml Wasser
½ TL Pflanzenöl
¼ TL aktive Trockenhefe

Küchenutensilien:
1 große Schüssel
1 Topf
1 große Pfanne
Frischhaltefolie

Nährwerte p. P.

146 kcal
28 g Kohlenhydrate
1 g Fett
5 g Eiweiß

1 In der großen Schüssel destilliertes Wasser und Mehl mit der Hefe vermischen. Den Teig kneten, bis eine homogene Masse entsteht. Danach das Ganze mit Frischhaltefolie locker abdecken. Es soll eine leichte Luftzirkulation möglich sein.

2 Den Schüsselinhalt nun bei Zimmertemperatur ca. 4-5 Tage gären lassen. Je länger der Teig gärt, desto intensiver wird sein Geschmack. Dann ist der Sauerteig fertig.

3 Anschließend lässt sich der Teig ausbacken. Dazu in einem Topf 200 ml Wasser aufkochen. Anschließend 100 g des Brotteigs in dem heißen Wasser auflösen. Das Ganze sollte ziemlich schnell eindicken.

4 Den flüssigen Teig aus dem Topf mit dem restlichen Teig in der Schüssel gut vermengen. Jetzt so viel Wasser beimengen, dass ein sämiger Kreppteig entsteht.

5 Die Pfanne mit Öl benetzen. Den Pfannenboden nun mit dem Injera-Teig bestreichen. Wenn der Brotteig blubbert und die Blasen zerplatzt sind, wird der Deckel auf die Pfanne gelegt. Die Pfanne von der Platte nehmen und das Brot noch 2-3 Minuten dampfgaren.

Tipp: Anfänger dürfen für den Brotteig gern auf je 200 g Teff- sowie Weizenmehl zurückgreifen. Dieser lässt sich für den Injera-Laien einfacher verarbeiten. Fladenbrote aus 100 Prozent Teffmehl sind zudem weniger fluffig – an den europäischen Geschmack angepasst und daher traditionell äthiopisch. Destilliertes Wasser ist daher empfehlenswert, weil im normalen Wasser enthaltene Fluorid- sowie Chlorsalze den Gärprozess stören.

DEFO DABO

GEBACKENES VOLLKORNBROT

1 Brot

2 Std: 10 Min.

Leicht

Zutaten

750 g Vollkornmehl
500 ml lauwarmes Wasser
3 frische Bananenblätter
3 Knoblauchzehen, geschält
1 Päckchen Trockenhefe
1 ½ EL Rapsöl
1 TL Salz
½ TL Schwarzkümmelsamen
¼ TL Ajowan (oder Kümmel, gemahlen)

Küchenutensilien:
1 Schüssel
1 runde Auflaufform
(Frischhaltefolie)

Nährwerte p. P.

150 kcal
27 g Kohlenhydrate
2 g Fett
5 g Eiweiß

1 In der Schüssel alle Zutaten miteinander vermengen. Anschließend nach und nach das Wasser untermischen. Es soll ein klebriger und glatter Teig entstehen. Den Teig abgedeckt eine Stunde bei Zimmertemperatur ziehen lassen.

2 Den Backofen auf 200 Grad Celsius Ober-/Unterhitze einstellen. Knoblauch schälen und in grobe Stücke schneiden. Die Backform mit den Bananenblättern auskleiden und den Teig einfüllen.

3 Den Knoblauch auf der Teigmasse verteilen und eindrücken. Den Brotteig mit den Blättern vollständig bedecken. Das Brot nun ca. 50 - 60 Minuten backen. Es ist fertig, wenn es beim Klopfen hohl klingt.

TRESHO

WÜRZIGES SCHÄFERBROT

1 Brot 25 Min. Leicht

Zutaten

275 g Vollkornmehl
175 ml lauwarmes Wasser
1 EL Berbere
1 TL Rapsöl
1 TL Zucker
1 TL Salz

Küchenutensilien:
1 Schüssel
1 Messer
1 Pfanne (30 - 35 cm Durchmesser)

Nährwerte p. P.

139 kcal
25 g Kohlenhydrate
2 g Fett
5 g Eiweiß

1 Alle Zutaten in der Schüssel mit der Hand vermengen. Nacheinander das Wasser angie-ßen und mit dem Schüsselinhalt vermischen, bis ein elastischer Teig entsteht. Er soll nicht kleben.

2 Die Küchenplatte mit Mehl bestäuben und den Teig zu einem etwa 30 cm großen Fladen ausrollen. In die ca. 1 cm dicke Teigschicht mit einem scharfen Messer ein Zickzackmus-ter einritzen.

3 Die Pfanne auf mittlere Temperatur erhitzen. Mit dem Muster nach unten das Brot darin zwei Minuten backen. Anschließend wenden. Das Schäferbrot weitere zwei Minuten von der anderen Seite backen.

4 Mit einem feuchten Tuch das überschüssige Mehl von beiden Seiten des Brotes abwi-schen. Anschließend weitere 1 - 2 Minuten pro Seite backen. Es darf nicht brüchig wer-den, daher nicht zu lange backen.

HIMBASHA

FLADENBROT

1 Laib

3 Std.
35 Min.

Leicht

Zutaten

400 g Vollkornmehl
50 g Rosinen
100 ml warmes Wasser
3 EL Milch
3 EL Zucker
2 EL Olivenöl
1 TL trockene Hefe
1 TL schwarze Sesamkörner
½ TL Kardamom (gemahlen)
½ TL Salz

Küchenutensilien:
1 Schüssel
1 Kuchenform (23 cm Durchmesser)
Backofen

Nährwerte p. P.

157 kcal
33 g Kohlenhydrate
1 g Fett
4 g Eiweiß

1 In der Schüssel Mehl, Hefe und Salz miteinander vermischen. Zucker, Kardamom sowie Sesam unterrühren.

2 Öl und Rosinen ebenfalls untermengen und alles gut mischen.

3 Jetzt das Wasser angießen und den Teig in 7 - 10 Minuten zu einer weichen Konsistenz vermengen. Anschließend ca. 1,5 Stunden ruhen lassen, bis er sein Volumen verdoppelt hat.

4 Den Fladenbrotteig nach unten drücken. Die Form einfetten und den Teig hineingeben. Den Teig nochmals ca. 45 Minuten gehen lassen.

5 Den Backofen auf 180 Grad Celsius Oberhitze aufwärmen. Mit der stumpfen Messerseite ein Muster nach Belieben einritzen (bspw. Radmuster). Die Oberfläche mit Milch bestreichen und in den Ofen schieben.

6 Das Brot ca. 30 - 35 Minuten goldbraun backen. Nach dem Auskühlen in Scheiben schneiden.

DABO

HONIGBROT

1 Laib

3 Std. 25 Min.

Leicht

Zutaten

525 g Vollkornmehl
125 g flüssiger Honig
75 g Butter
20 g frische Hefe (oder 3 g Trockenhefe)
10 g Salz
250 ml Milch
60 ml lauwarmes Wasser
1 Ei
1 EL Fenchelsamen (oder Sesamsamen)
je 1 TL Zimt + Kardamom (gemahlen)
1 TL Piment (gemahlen)

Küchenutensilien:
3 Schüsseln
1 Topf
1 Springform (ca. 24 cm Durchmesser)
Backofen

Nährwerte p. P.

180 kcal
30 g Kohlenhydrate
5 g Fett
4 g Eiweiß

1 In der Schüssel die Hefe im warmen Wasser auflösen. Das Ganze etwa 15 Minuten quellen lassen.

2 In der zweiten Schüssel das Ei leicht aufschlagen. Sämtliche Gewürze sowie der Honig werden unter das Ei gerührt.

3 Im kleinen Topf die Milch erwärmen. Darin die Butter schmelzen lassen.

4 Alle vorbereitetet Zutaten aus den Schritten 1 - 3 in der Rührschüssel mit dem Mehl verrühren. Dies bedarf etwa 8 - 10 Minuten, bis der Teig weich, aber nicht klebrig ist. Den Teig nun 90 Minuten an einem warmen Standort ruhen lassen.

5 Die Springform einfetten und mit ein wenig Mehl bestäuben. Den Brotteig nun in die Form legen.

6 Anschließend eine Prise Salz und einen Esslöffel Wasser in einer Schüssel mischen. Mit dieser Flüssigkeit den Brotteig einpinseln. Die Samen darüber streuen. Den Teig nochmals etwa 20 – 25 Minuten abgedeckt ruhen lassen.

7 Den Backofen auf 200 Grad Celsius Oberhitze vorheizen. Das Brot 50 – 60 Minuten darin backen.

Dips und Würzmischungen

Was wäre die äthiopische Küche ohne ihre würzigen Besonderheiten? In Form von Würzmischungen, Saucen sowie Dips bereichern sie jedes Gericht. Und dabei sind sie so schnell und so unkompliziert herzustellen.

MEKELESHA

6 Port.

5 Min.

Leicht

Zutaten

2 TL Zimt (gemahlen)
½ TL Kardamom (gemahlen)
½ TL Gewürznelken (gemahlen)
½ TL schwarzer Pfeffer (gemahlen)

Küchenutensilien:
1 Schüssel

Nährwerte p. P.

9 kcal
2 g Kohlenhydrate
1 g Fett
1 g Eiweiß

1 In der Schüssel sämtliche Zutaten gut miteinander vermengen.

2 Die Gewürzmischung anschließend an einem trockenen und kühlen Standort im luftdichten Behälter lagern.

BERBERE

ÄTHIOPISCHE GEWÜRZMISCHUNG

6 Port. 10 Min. Leicht

Zutaten

4 grüne Kardamomschoten
4 Gewürznelken
2 Pimentbeeren
3 EL Paprikapulver (edelsüß)
2 TL Koriandersamen
1 TL Kreuzkümmelsamen
1 TL Kurkuma
1 TL Koseret
1 TL Besobela
1 TL schwarze Pfefferkörner
½ TL Bockshornkleesamen
½ TL Ingwer (frisch gerieben)
¼ TL Muskat (frisch gemahlen)
¼ TL Zimt

Küchenutensilien:
1 Pfanne
1 Schüssel
1 luftdichter Behälter
Mörser & Stößel

Nährwerte p. P.

11 kcal
2 g Kohlenhydrate
1 g Fett
1 g Eiweiß

1 Bei starker Hitze die Samen, alle anderen ganzen Gewürze sowie die getrockneten Chilistücke in der Pfanne anrösten. Die Gewürze müssen regelmäßig durchgeschüttelt werden. In ca. drei Minuten sollten sie deutlich duften.

2 In der Schüssel vollständig abkühlen lassen. Danach im Mörser zerkleinern.

3 Die restlichen Zutaten beimengen und alles gut mischen. Nochmals mit dem Mörser zerdrücken. Zum Schluss das Ganze in einen luftdichten Behälter füllen.

Tipp: Als Ersatz für das eigene Aroma des Gewürzkrautes Koseret dienen die Varianten der handelsüblichen Kräuter Oregano beziehungsweise Thymian. Anstatt Besobela lässt sich auch Thai-Basilikum verwenden.

MITMITA

 10 Port.  10 Min.  Leicht

Zutaten

20 g getrocknete scharfe Chilischoten (oder 2 EL Cayennepfeffer)
1 EL Salz
1 ½ TL Ajowansamen (oder Kümmel)
1 TL Koseret (getrocknet)
1 TL Schwarzkümmelsamen

Küchenutensilien:
1 Gewürzmühle (oder Mörser & Stößel)
1 Sieb

Nährwerte p. P.

2 kcal
1 g Kohlenhydrate
1 g Fett
1 g Eiweiß

1 Die Stiele der Chilis entfernen und die Schoten mit den restlichen Zutaten in der Mühle mahlen.

2 Das Ganze durch ein Sieb geben und nochmals mahlen. Dieses Gewürzpulver soll ganz fein und homogen werden.

3 Im luftdichten Behälter an einem trockenen und kühlen Standort lagern.

Tipp: Als Ersatz für das eigene Aroma des Gewürzkrautes Koseret dienen die Varianten der handelsüblichen Kräuter Oregano beziehungsweise Thymian.

NITER KEBBEH

GEKLÄRTE WÜRZBUTTER

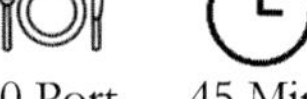

10 Port. 45 Min. Leicht

Zutaten

500 g Butter
je 1 TL Schwarzkümmelsamen + Koriandersamen
je 1 TL Koseret + Besobela (getrocknet)
½ TL Kardamomsamen

Küchenutensilien:
2 Töpfe
1 Schaumkelle
1 Sieb
1 Passiertuch
1 Schraubglas (300 ml)

Nährwerte p. P.

373 kcal
1 g Kohlenhydrate
42 g Fett
1 g Eiweiß

1 Im Topf die Butter bei niedriger Temperatur zerlassen. Nach ca. fünf Minuten sollten sich die Milchbestandteile am Boden absetzen, sie dürfen aber nicht braun werden. Derweil den Schaum mit einer Kelle abschöpfen.

2 Den Topf von der Herdplatte nehmen und nun ein wenig abkühlen lassen. Die Butter danach durch ein Sieb in den zweiten Topf geben.

3 Schwarzkümmel, Koriander sowie Kardamom in die Butter rühren. Die Butter bei niedriger Temperatur ca. 7 - 10 Minuten ziehen lassen. Sie sollte bereits duften. Es muss mehrmals umgerührt werden.

4 Koseret sowie Besobela hinzufügen und das Ganze nochmals fünf Minuten köcheln lassen. Es darf nicht anbrennen, daher muss konsequent gerührt werden.

5 Den Topf vom Herd nehmen. Nach ca. zehn Minuten Abkühlung die Gewürzbutter durch ein Passiertuch in das Glas drücken.

6 Erst wenn die Butter komplett ausgekühlt ist, wird das Schraubglas verschlossen. Danach hält es etwa zwei Wochen luftdicht im Kühlschrank.

Tipp: Als Ersatz für das eigene Aroma des Gewürzkrautes Koseret dienen die Varianten der handelsüblichen Kräuter Oregano beziehungsweise Thymian. Anstatt Besobela lässt sich auch Thai-Basilikum verwenden.

SHIRO WAT

KICHERERBSENAUFSTRICH

6 Port. 30 Min. Leicht

Zutaten

100 g Kichererbsenmehl
250 ml Wasser
100 ml Pflanzenöl
4 Knoblauchzehen
2 Zwiebeln
1 Tomate
3 EL Berbere-Gewürz
2 EL Niter Kebbeh
¼ Teelöffel Zucker (optional)
¼ TL Salz (optional)

Küchenutensilien:
1 Bräter
1 Schneebesen

Nährwerte p. P.

213 kcal
9 g Kohlenhydrate
19 g Fett
3 g Eiweiß

1 Den Bräter auf mittlere Hitze bringen. Knoblauch und Zwiebeln schälen und fein hacken. Die Tomate waschen, vom Blütenansatz befreien und fein hacken.

2 Die Zwiebeln im trockenen Bräter 4 – 5 Minuten anbraten. Sie sollen Farbe annehmen.

3 Öl sowie die Gewürzmischung dazugeben und gut durchmischen. Das Ganze sautiert 1 - 2 Minuten.

4 Erst danach Tomate und Knoblauch hinzufügen. Alles nun 2 - 3 Minuten kurz anbraten.

5 Die Hälfte des Mehls mit dem Schneebesen unterrühren. Jetzt die Hälfte des Wassers angießen. Das Ganze ein wenig einköcheln lassen. Danach das restliche Mehl sowie das übrige Wasser dazugeben. Es soll eine glatte Mischung entstehen.

6 Das Shiro jetzt erhitzen, bis es brodelt. Niter Kebbeh gut unterrühren und notfalls zuckern beziehungsweise salzen. Das Ganze final 8-10 Minuten köcheln lassen. Es wird anschließend in Gläser gefüllt und lagert bereits im kalten Keller bis zu einer Woche.

CREMIGES SHIRO

2 Port.

35-40 Min.

Leicht

Zutaten

65 g Shiro-Mehl
500 ml Wasser
¼ Zwiebel
¼ Jalapeño-Chilischote
1 EL Rapsöl
½ EL Niter Kebbeh
2 TL Knoblauch (fein gehackt)
1 TL Ingwer (frisch gerieben)
1 Prise Salz

Küchenutensilien:
1 Schüssel
1 Schneebesen
1 Pfanne

Nährwerte p. P.

180 kcal
20 g Kohlenhydrate
9 g Fett
4 g Eiweiß

1 Mit dem Schneebesen Mehl und Wasser in der Schüssel zu einer homogenen Paste verrühren.

2 In der Pfanne das Öl auf mittlere Temperatur bringen. Zwiebel schälen und fein hacken. Diese mit Ingwer und Knoblauch eine Minute darin anschwitzen. Shiro-Paste unterheben und den Inhalt salzen. Das Ganze ca. 20 Minuten zugedeckt vor sich hin garen lassen.

3 Notfalls ein wenig Wasser angießen, da die Masse geschmeidig und puddingähnlich bleiben soll.

4 Die Gewürzbutter unterheben und alles in Servierschüsseln füllen.

5 Jalapeño waschen, von Kernen befreien, fein hacken und on top auf das Mitten Shiro geben.

AWAZE

SCHARFE ÄTHIOPISCHE SAUCE

6 Port. 5 Min. Leicht

Zutaten

9 EL Tej (oder Weißwein oder Rotwein)
3 EL Berbere
1 EL Pflanzenöl

Küchenutensilien:
1 Schüssel

Nährwerte p. P.

39 kcal
7 g Kohlenhydrate
2 g Fett
1 g Eiweiß

1 Alle Zutaten in einer Schüssel miteinander vermengen. Nach persönlichem Geschmack lassen sich die einzelnen Anteile anpassen.

2 Bis zur Anwendung im Kühlschrank lagern.

HAZO-SAUCE

4 Port. 10 Min. Leicht

Zutaten

1 Knoblauchzehe
3 EL Gerstenmehl
2 Prisen Bockshornklee-samen
1 Prise Berbere
1 Prise Salz

Küchenutensilien:
1 Schüssel

Nährwerte p. P.

33 kcal
6 g Kohlenhydrate
1 g Fett
2 g Eiweiß

1 Knoblauch schälen und gut zerdrücken.

2 In einer Schüssel nun sämtliche Zutaten miteinander vermengen. Sie lässt sich gut in einem Glas in kühler Umgebung bis zu fünf Tagen lagern.

Tipp: Die kühlende Sauce wirkt der heißen Würze mancher Gerichte entgegen.

SENAFICH

ÄTHIOPISCHER SENF

4 Port.

10 Min.

Leicht

Zutaten

45 g braune Senfsamen
4 EL heißes Wasser
2 EL Olivenöl
¼ TL Salz

Küchenutensilien:
1 Schüssel
1 Schraubglas (150 ml)
Mörser & Stößel

Nährwerte p. P.

98 kcal
3 g Kohlenhydrate
9 g Fett
3 g Eiweiß

1 Die Senfsamen im Mörser zermahlen. Diese anschließend mit dem Salz in der Schüssel vermengen und mit Öl übergießen.

2 Anschließend drei Esslöffel heißes Wasser mit dem Schüsselinhalt verrühren. Das Ganze ca. zwei Minuten durchziehen lassen. Danach noch einen Esslöffel heißes Wasser mit dem Senf vermengen. Der Senf soll fließfähig, jedoch nicht dünnflüssig werden.

3 Senafich in das Schraubglas füllen und luftdicht im Kühlschrank lagern. Er hält etwa drei Tage und sollte vor dem Servieren noch einmal durchgerührt werden.

AYIB

ÄTHIOPISCHER FRISCHKÄSE

 4 Port.

 10 - 15 Min.

Leicht

Zutaten

400 g Hüttenkäse
100 g Naturjoghurt
2 EL Zitronensaft
1 Prise Salz
1 Prise schwarzer Pfeffer (frisch gemahlen)

Küchenutensilien:
1 Schüssel

Nährwerte p. P.

118 kcal
4 g Kohlenhydrate
6 g Fett
14 g Eiweiß

1 In der Schüssel sämtliche Zutaten miteinander vermischen.

2 Dabei den Käse ein wenig zerdrücken.

Tipp: Der Frischkäse lässt sich einfach mit ein wenig Gemüse verschieden umsetzen. In dem Fall werden bspw. 400 g Mangold gewaschen, fein gehackt und ganz kurz sautiert. Im Anschluss daran wird das Blattwerk dem Käse untergemischt.

EGGPLANT DIP

8 Port.

1 Std.
20 Min.

Leicht

Zutaten

3 Blätter Koriander
2 Knoblauchzehen
1 Aubergine
1 grüne Chilischote
½ Zwiebel
1½ EL Olivenöl
1 TL Kurkuma (gemahlen)
1 Prise Paprikapulver (rosenscharf)

Küchenutensilien:
1 Pfanne
1 Standmixer
1 Backblech
Backpapier
Backofen

Nährwerte p. P.

45 kcal
5 g Kohlenhydrate
3 g Fett
1 g Eiweiß

1 Zwiebel und Knoblauch schälen und fein hacken. Chili waschen, halbieren und von Samen befreien. Die Schote ebenso fein hacken.

2 Den Backofen auf Grillen einstellen. Die Aubergine putzen und der Länge nach halbieren. Im Inneren die Aubergine einritzen und mit einem halben Esslöffel Öl beträufeln.

3 Backblech mit Backpapier auslegen. Die Auberginenhälften mit der Haut nach oben auflegen und 15 - 20 Minuten garen lassen.

4 Den Grill ausschalten und das Fruchtgemüse gewendet nochmals fünf Minuten garen. Während der Grill abkühlt, entsteht ein leicht rauchiges Aroma.

5 Die Aubergine aus dem Ofen nehmen und etwa 15 - 20 Minuten abkühlen lassen.

6 In der Pfanne das restliche Öl erhitzen. Die Zwiebel darin ca. 6 - 8 Minuten leicht goldig anbraten. Danach den Knoblauch für eine Minute mitbraten.

7 Kurkuma einrühren und die Auberginen darin wärmen, bis die Feuchtigkeit verdampft ist. Diese nun wiederum etwa 15 Minuten abkühlen lassen.

8 Den Pfanneninhalt im Standmixer zu einer glatten Masse pürieren. Die übrigen Zutaten untermischen. Das Ganze darf gern etwa 2 Wochen im Glas im Kühlschrank lagern.

DAATA

CHILIDIP

4 Port. 10 Min. Leicht

Zutaten

100 g scharfe Chilischote (Serrano oder Fresnochili)
2 EL Besobela (frisch gehackt oder Thai-Basilikum)
1 EL Rosmarin (frisch gehackt)
1 EL Gefranste Raute (frisch gehackt oder ½ EL Koriandergrün)
1 EL Salz

Küchenutensilien:
1 Standmixer (oder Mörser & Stößel)

Nährwerte p. P.

30 kcal
2 g Kohlenhydrate
1 g Fett
1 g Eiweiß

1 Die Chilischoten mit feuchtem Tuch abreiben. Die Schoten nun der Länge nach halbieren. Die Stiele entsorgen und die Samen auslösen und zur Seite stellen.

2 Alle Zutaten nun im Standmixer miteinander pürieren oder im Mörser zerstoßen. Der Dip hält sich bis zu zwei Wochen an einem kühlen Standort.

Tipp: Wer mit Küchenhandschuhen arbeitet, verhindert allergische Reaktionen auf der Haut durch den Umgang mit dem scharfen Chili. Die Menge der Schoten bestimmt den letztendlichen Schärfegrad. Er lässt sich auf die persönlichen Vorlieben gut anpassen.

Suppen & Eintöpfe

Die leichte und dabei gehaltvolle Speise steht in der äthiopischen Küche oft im Fokus. Daher sind gerade verschiedene Currys oder Eintöpfe sehr beliebt. Sie sind verhältnismäßig schnell zuzubereiten und erschaffen ein außergewöhnliches Geschmacksspektrum.

KIK ALICHA

ERBSENEINTOPF

2 Port.

2 Std. 45 Min.

Leicht

Zutaten

je 50 g gelbe Erbsen + grüne Erbsen (getrocknet)
375 ml Wasser
4 Knoblauchzehen
½ rote Zwiebel
2 TL Pflanzenöl
2 TL Ingwer (gehackt)
½ TL Kurkuma

Küchenutensilien:
1 Schüssel
1 tiefe Pfanne

1 Die Erbsen mindestens zwei Stunden in warmem Wasser in der Schüssel einweichen (besser über Nacht).

2 Knoblauch und Zwiebel schälen sowie hacken. In einer tiefen Pfanne das Öl erhitzen. Darin Zwiebel, Knoblauch sowie Ingwer anbraten. Die Zwiebeln sollen glasig werden.

3 Kurkuma unterrühren und gleich danach Erbsen sowie Wasser hinzufügen. Bei mittlerer Hitze die Pfanne zugedeckt aufkochen. Die Hitze reduzieren und das Ganze 35 - 40 Minuten köcheln lassen.

Nährwerte p. P.

226 kcal
34 g Kohlenhydrate
4 g Fett
12 g Eiweiß

Tipp: Mit dem Pürierstab die Erbsen nach Wunsch zerkleinern, einen Teelöffel Zitronensaft untermischen – eine leichte Alternative.

TIHELO

RINDFLEISCHEINTOPF MIT GERSTENKLÖSSCHEN

2 Port. 1 Std. Leicht

Zutaten

225 g Rindfleisch (Oberschale oder Roastbeef)
100 g Gerstengraupen
275 ml Wasser
80 ml Buttermilch (kalt)
1 Knoblauchzehe
3 EL Tej
2 EL Berbere
1 EL Sonnenblumenöl
1 EL Niter Kebbeh
1 EL Salz
2 Prisen Bockshornkleesamen

Küchenutensilien:
1 Pfanne
1 Gewürzmühle
1 Schüssel
1 Topf

Nährwerte p. P.

412 kcal,
60 g Kohlenhydrate
6 g Fett
30 g Eiweiß

1 Die Gerste in der Pfanne ohne Fett auf mittlerer Stufe unter stetem Rühren 12 - 15 Minuten rösten und anschließend in der Gewürzmühle mahlen. Mit dem Sieb körnige Bestandteile herausfiltern und diese nochmals mahlen.

2 Ca. ¾ der gemahlenen Gerstengraupen in einer Schüssel mit einer Prise Salz vermengen. Dazu drei Esslöffel Wasser geben. Es entsteht ein dicker Teig, der zu einer Kuppel geformt wird.

3 Für die Hazo-Sauce die Buttermilch mit drei Esslöffeln der übrigen Gerste in einer Schüssel mischen. Knoblauch schälen und zerdrücken. Knoblauch, Bockshornkleesamen und je eine Prise Berbere sowie Salz hinzufügen. Alles gut mischen.

4 Im Topf Tej, Öl und das restliche Berbere vermengen. Das übrige Wasser angießen und alles bei mittlerer Temperatur ca. 12 - 15 Minuten garen. Es sollte auf die Hälfte eingekocht werden.

5 Das Fleisch abspülen, trocken tupfen und anschließend in ca. 1,5 cm große Stücken schneiden. Diese großzügig salzen und für 2 - 4 Minuten mitgaren. Anschließend die Butter unterrühren.

6 Den Rindfleischeintopf anrichten. Ein paar Löffel Hazo-Sauce dazugeben und aus der Gerstenkuppel kleine Klöße formen.

Tipp: Tej kann auch selbst ganz einfach hergestellt werden. Dazu werden drei Esslöffel halbtrockener Weißwein mit einem Teelöffel Honig versetzt.

SILS

SCHARFER TOMATENEINTOPF

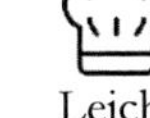

4 Port. 45 Min. Leicht

Zutaten

500 g Tomaten
300 g Zwiebeln
500 ml Wasser
2 Injera
3 EL Sonnenblumenöl (oder Rapsöl)
1 EL Berbere
1 - 2 TL Salz

Küchenutensilien:
1 Topf
1 Sieb
1 Standmixer
1 Pfanne

Nährwerte p. P.

150 kcal
8 g Kohlenhydrate
12 g Fett
3 g Eiweiß

1 Zwiebeln schälen und fein hacken. Tomaten waschen und deren Schale leicht einritzen.

2 In einem Topf 500 ml Wasser aufkochen. Die Tomaten für ½ bis 1 Minute in das Wasser geben, im Sieb kalt abschrecken und anschließend häuten. Stielansatz sowie Samen entfernen, grob schneiden und im Standmixer grob pürieren.

3 In der Pfanne das Öl auf mittlere bis hohe Temperatur erhitzen. Darin die Zwiebeln für ca. zwei Minuten glasig andünsten. Berbere hinzufügen und alles gut mischen. Das Ganze unter stetem Rühren weitere 3 - 5 Minuten garen.

4 Die Tomaten hinzufügen und den Pfanneninhalt ordentlich salzen. Nun den Tomateneintopf ca. 15 - 20 Minuten dick einkochen.

5 Injera zerrupfen und darüber streuen. Es darf auch untergerührt werden. Zum Schluss das Ganze zwei Minuten ziehen lassen.

DUBA WAT

PIKANTER KÜRBISEINTOPF

2 Port.

40-45 Min.

Leicht

Zutaten

500 g Kürbis
250 ml Wasser
2 Zwiebeln
2 Knoblauchzehen
3 EL Rapsöl
1 EL Berbere
¼ TL Kardamom (gemahlen)
1 TL Salz

Küchenutensilien:
1 Schmorpfann

Nährwerte p. P.

306 kcal
15 g Kohlenhydrate
19 g Fett
4 g Eiweiß

1 Den Kürbis schälen, von Kernen und faserigem Inneren befreien und zu ca. 2,5 cm großen Würfeln verarbeiten. Zwiebel und Knoblauch schälen sowie fein hacken.

2 In der Schmorpfanne mit dem auf niedriger bis mittlerer Temperatur erhitzten Öl die Zwiebeln in etwa zehn Minuten glasig andünsten. Danach Berbere, Knoblauch und Kardamom unterrühren.

3 Die Temperatur reduzieren und das Ganze zugedeckt für weitere zehn Minuten garen. Notfalls mit ein wenig Wasser auffüllen, damit der Inhalt nicht ansetzt.

4 Die Kürbiswürfel, 250 ml Wasser und das Salz zufügen und für ca. 25 - 30 Minuten schmoren lassen. Der Eintopf sollte sämig sein.

AZIFA QUANTA

LINSENSUPPE MIT TROCKENFLEISCH

6 Port. 1 Std. Leicht

Zutaten

400 g braune Linsen (oder grüne Linsen)
175 g passierte Tomaten
150 g Quanta (oder anderes Trockenfleisch)
750 ml Hühnerbrühe
750 ml Wasser
250 ml Rapsöl
2 Stangen Lauch
1 Zwiebel
4 EL Sonnenblumenöl
1 TL Mitmita
1 Prise Salz
1 Prise schwarzer Pfeffer (frisch gemahlen)

Küchenutensilien:
2 Pfannen
1 Sieb
1 Schaumkelle
Küchenpapier

Nährwerte p. P.

680 kcal
27 g Kohlenhydrate
53 g Fett
21 g Eiweiß

1 Die Zwiebel schälen und fein hacken. Das Trockenfleisch in mundgerechte Stücken schneiden. Die Fleischstücke mit einem Esslöffel Sonnenblumenöl benetzen sowie salzen und pfeffern.

2 Die Linsen verlesen und Steinchen entfernen. Im Sieb abspülen und abtropfen lassen.

3 Das Fleisch mit zwei Esslöffeln Sonnenblumenöl in der Pfanne eine Minute scharf anbraten. Das Fleisch entnehmen und in der Pfanne die Zwiebel kurz anbraten. Restliches Sonnenblumenöl angießen und die Linsen hinzufügen. Anschließend die Tomaten dazugeben und alles drei Minuten garen.

4 Die Pfanne mit Brühe und Wasser auffüllen. Das Ganze zugedeckt bei reduzierter Temperatur ca. 30 - 40 Minuten garen lassen. Eventuell muss ein wenig mehr Wasser nachgefüllt werden, bis die Linsen weich sind.

5 Den Lauch gründlich waschen und putzen. Die dunkelgrünen Anteile sowie die äußere Schicht entfernen und die Stangen quer in 5 cm lange Stücke schneiden. Anschließend den Lauch zu feinen Streifen verarbeiten.

6 Frittieröl in die zweite Pfanne geben. Den Lauch darin portionsweise ca. fünf Minuten frittieren. Er soll goldbraun und knusprig werden. Mit der Schaumkelle aus der Pfanne nehmen und auf dem Küchenpapier abtropfen lassen.

7 Das Fleisch in der Suppe erwärmen. Vor dem Servieren die Suppe mit knusprigem Lauch garnieren.

KUPE

KIDNEYBOHNEN-OKRA-EINTOPF

4 Port. 50 Min. Leicht

Zutaten

450 g Okraschoten
320 g Polentagrieß
240 g Kidneybohnen
65 g feine Erdnussbutter
1,45 l Wasser
2 Eiertomaten
2 EL grüne Chilischote (fein gehackt)
2 EL Besobela (fein gehackt oder Thai-Basilikum)
1 Prise Salz

Küchenutensilien:

2 Töpfe
1 Sieb
1 tiefer Teller
1 Holzlöffel

Nährwerte p. P.

480 kcal
74 g Kohlenhydrate
10 g Fett
17 g Eiweiß

1 Okra waschen, deren Enden abschneiden und die Schoten zu 1 cm großen Scheiben verarbeiten. Die Tomaten waschen, Stielansatz und Samen entfernen und würfeln. Die Kidneybohnen im Sieb abtropfen lassen.

2 Im Topf 750 ml Wasser aufkochen und Tomaten sowie Okra darin 15 - 20 Minuten garen. Die Schoten sollen weich werden und die Flüssigkeit leicht sämig. Die Bohnen hinzugeben und alles nochmals fünf Minuten köcheln.

3 Besobela und Chili im Mörser zermahlen. In der Schüssel 250 ml Garflüssigkeit, die Würzmischung aus dem Mörser sowie die Erdnussbutter zu einer dünnen Paste verrühren. Diese unter stetem Umrühren im Okratopf aufkochen und zwei Minuten köcheln lassen.

4 Im zweiten Topf 700 ml Wasser aufkochen und mit einem Holzlöffel den Polentagrieß einrühren. Unter stetem Rühren entsteht in drei Minuten ein fester und glatter Teig.

5 Einen tiefen Teller mit ein wenig Wasser einstreichen und den Polentateig darin kreisend bewegen, bis eine Kugel entsteht. Mit einem Stück herausgerissener Polenta wird der Eintopf aus der Schüssel gefischt oder sie wird wie Brot dazu gegessen.

ABISH WAT

SCHARFER RINDFLEISCHEINTOPF

2 Port. 2 Std. Leicht

Zutaten

500 g Rindfleisch (Oberschale oder Roastbeef)
1,5 l Wasser
6 Kartoffeln (fest kochend)
4 Tomaten
2 Injera
2 Knoblauchzehen
1 Zwiebel
4 EL Rapsöl
2 EL Berbere
1 EL Bockshornkleesamen
1 TL Mekelesha
¼ TL Kreuzkümmel (gemahlen)
¼ TL Schwarzkümmel (gemahlen)
1 Prise Salz

Küchenutensilien:
1 Schmorpfanne
1 Schaumkelle
1 Standmixer
1 Schüssel

Nährwerte p. P.

405 kcal
1 g Kohlenhydrate
30 g Fett
35 g Eiweiß

1 Die Tomaten waschen, deren Schale einritzen und ca. 30 Sekunden in einen Topf mit heißem Wasser legen, damit sich die Haut gut abziehen lässt. Stielansatz und Samen entfernen.

2 Zwiebel und Knoblauch schälen sowie fein hacken. Die Kartoffeln schälen. Injera grob zerreißen. Das Fleisch waschen, von Fett und Sehnen befreien und grob würfeln.

3 Die Fleischwürfel in der Schmorpfanne mit 1,5 l kaltem Wasser bedecken. Das Ganze langsam aufkochen und den Schaum mit der Schaumkelle abschöpfen.

4 Die Tomaten im Standmixer pürieren. Das Tomatenpüree in der Schüssel mit den Gewürzen außer dem Mekelesha und dem Öl verrühren.

5 Etwa 120 ml des heißen Fonds aus der Schmorpfanne mit dem Tomatenpüree verrühren. Den Schüsselinhalt nun in die Pfanne zum Fleisch geben.

6 Die Fleischpfanne mit geschlossenem Deckel bei niedriger bis mittlerer Temperatur für ca. eine Stunde schmoren.

7 Die Kartoffeln in die Pfanne geben und alles nochmals 25 - 30 Minuten garen. Danach das Mekelesha unterrühren. Nun alles weitere fünf Minuten köcheln lassen. Die Sauce sollte sämig eingedickt sein.

8 Die Kartoffeln entnehmen und in mundgerechte Stücke schneiden. Diese anschließend wieder in die Schmorpfanne geben. Die Teller halb füllen und mit Injerafetzen belegen. Den Rest des Eintopfes auffüllen und erneut ein paar Injerastücke auflegen. Das Injera darf auch gern separat serviert werden.

SHIMBRA WAT

SCHARFE KICHERERBSEN

4 Port.

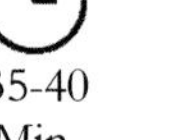
35-40 Min.

Leicht

Zutaten

400 g Kichererbsen
780 ml Wasser
3 EL Awaze
3 EL braune Leinsamen (oder goldene Leinsamen)
1 TL Salz

Küchenutensilien:
1 Pfanne
1 Standmixer
1 Sieb
1 Topf

Nährwerte p. P.

167 kcal
23 g Kohlenhydrate
3 g Fett
9 g Eiweiß

1 Bei niedriger bis mittlerer Temperatur die Leinsamen für zwei Minuten in der Pfanne ohne Fett rösten. Dabei regelmäßig wenden und anschließend im Standmixer mahlen und zur Seite stellen.

2 In der Pfanne zwei Esslöffel Wasser erhitzen und einen Esslöffel Awaze anrühren. Die Mischung zwei Minuten unter gelegentlichem Rühren garen.

3 Restliche Awaze hinzufügen und 250 ml Wasser angießen. Das Ganze etwa 20 Minuten bei regelmäßigem Umrühren zugedeckt bei reduzierter Temperatur köcheln lassen.

4 Die Kichererbsen im Sieb abspülen und im Topf mit 500 ml Wasser kurz aufkochen. Den Topf vom Herd nehmen und die Erbsen ziehen lassen.

5 Die Erbsen anschließend im Sieb abtropfen lassen, dabei 240 ml Flüssigkeit auffangen. Die Abtropfflüssigkeit mit den Kichererbsen der Sauce beimengen. Das Ganze salzen und aufkochen, damit alles aromatisiert wird.

Hauptgerichte mit Fleisch

Rindfleisch zählt zu den vermehrt genutzten Fleischsorten. In den Landschaften Äthiopiens gehören sie zum traditionellen Gut – auch in der Küche. Ob als rohe Variante oder kleingerissene Fleischstreifen überzeugen die Gerichte vor allem dank der besonderen Würzung. Doch jetzt erst einmal ein anderer Fleischvertreter, dessen Verarbeitung als Nationalgericht zählt.

DORO WAT

HÜHNCHENPFANNE

 6 Port.

 2 Std.

 Leicht

Zutaten

1,2 kg Hühnerkeulen
50 g Ghee
400 ml Hühnerbrühe
4 Eier (hartgekocht)
3 Knoblauchzehen
2 rote Zwiebeln
4 EL Salz
2 EL Limettensaft (frisch gepresst)
1 EL Ingwer
1 EL Berbere
¼ TL Kardamom (gemahlen)
¼ TL schwarzer Pfeffer (frisch gemahlen)

Küchenutensilien:
1 (Schmor-)Topf

Nährwerte p. P.

537 kcal
6 g Kohlenhydrate
25 g Fett
32 g Eiweiß

1 Die Keulen waschen, abtrocknen und mit Salz einreiben. Die Schenkel zur Seite legen. Knoblauch schälen und hacken. Zwiebeln schälen und in dünne Scheiben schneiden. Ingwer schälen und anschließend hacken.

2 Im Topf das Ghee auf mittlerer Stufe erhitzen. Darin die Zwiebeln ca. zwei Minuten anbraten. Das restliche Salz hinzufügen und etwa 15 Minuten kochen lassen. Alle 3 - 4 Minuten sollten die Zwiebeln umgerührt werden.

3 Den Herd auf niedrige Temperatur einstellen. Die Zwiebeln nun 30 - 40 Minuten weiterbraten, bis sie goldbraun karamellisiert sind. Es darf alle zehn Minuten umgerührt werden.

4 Knoblauch sowie Ingwer untermischen und ca. 30 Sekunden aromatisieren. Nun die restlichen Gewürze dazugeben.

5 Die Brühe angießen und Hühnerschenkel hineinlegen. Das Ganze auf kleiner Hitze zugedeckt ca. 45 Minuten köcheln lassen.

6 Sobald das Fleisch zart ist, die Temperatur hochdrehen und weitere 7 – 10 Minuten kochen lassen. Die Flüssigkeit soll zu einem Drittel verschwunden sein. Limettensaft dazugießen und umrühren.

7 Die Eier schälen und in Spalten schneiden. Die Keulen anrichten, mit Eierspalten garnieren die pikante Sauce darüber gießen.

MINCHET ABISH

RINDERHASCHEE

2 Port. 1 Std. Leicht

Zutaten

225 g Rinderhackfleisch
120 ml Tej (oder halbtrockener Weißwein)
1 Zwiebel
4 EL Niter Kebbeh (oder Butter)
3 EL Rapsöl
2 EL Shiro-Mehl
1 EL Berbere
1 EL Knoblauch (fein gehackt)
½ EL Ingwer (frisch gerieben)
1 TL Schwarzkümmel (gemahlen)
1 TL Salz
½ TL Bockshornkleesamen (gemahlen)
½ TL Mekelesha

Küchenutensilien:
1 Topf
1 Schüssel

Nährwerte p. P.

569 kcal
23 g Kohlenhydrate
43 g Fett
24 g Eiweiß

1 Öl im Topf erhitzen. Die Zwiebel schälen und fein hacken. Diese mit den Samen in den Topf geben und in ca. 8 - 10 Minuten unter stetem Rühren goldgelb anschwitzen.

2 Knoblauch sowie Ingwer untermischen und eine Minute weiterbraten. 60 ml Tej sowie Berbere hinzufügen. Das Ganze zugedeckt etwa zehn Minuten garen. Gelegentlich umrühren.

3 Rinderhack sowie drei Esslöffel Butter dazugeben. Schwarzkümmel und Salz unterheben und unter Rühren fünf Minuten anbraten. Wenn das Fleisch angebräunt ist, den restlichen Wein angießen und alles nochmals fünf Minuten offen kochen.

4 In der Schüssel das Mehl und 120 ml heißes Wasser vermengen. Es soll eine homogene und klumpenfreie Mischung werden. Diese nun dem Fleischtopf untermischen. In ca. 20 Minuten bindet das Shiro. Der Topfinhalt sollte nicht zu flüssig, sondern eher sämig sein.

5 Zum Schluss Mekelesha und die übrige Butter unterrühren und das Ganze 3 – 4 Minuten erhitzen.

DULET

DREIERLEI LAMMHACK

4 Port. | 2 Std. 25 Min. | Leicht

Zutaten

250 g Lammkutteln (gesäubert + vorgegart)
250 g Lammrücken (ausgelöst)
135 g Lammleber
50 g Niter Kebbeh
2 Knoblauchzehen
½ Zwiebel
1 EL Jalapeño (fein gehackt)
1 Prise Mitmita
1 Prise Salz

Küchenutensilien:
1 Kochtopf
1 Pfanne

Nährwerte p. P.

327 kcal
1 g Kohlenhydrate
19 g Fett
40 g Eiweiß

1 Kutteln abspülen, bis sie keinen Geruch mehr aufweisen. Diese in einem Liter Wasser bedeckt ca. 1,5 - 2 Stunden köcheln lassen. Anschließend im Sieb abtropfen lassen und in etwa 2 cm große Stücke schneiden.

2 Die übrigen Fleischvarianten abspülen und trocken tupfen sowie grob zuschneiden. Das gesamte Fleisch nun fein hacken und miteinander vermischen.

3 Knoblauch und Zwiebel schälen und anschließend fein hacken. In der Pfanne die Butter zerlassen und die Zwiebel darin für 3 - 5 Minuten glasig anschwitzen.

4 Knoblauch hinzufügen und alles eine weitere Minute köcheln lassen. Bei stetem Rühren nun das Hackfleisch dazugeben und ca. 2 - 3 Minuten mitbraten. Die Leber soll ihre rosa Farbe verlieren.

5 Das Fleisch vom Herd entnehmen, bevor es durchgegart ist. Vor dem Servieren das Gericht mit Salz, Mitmita und Jalapeño würzen.

HÄHNCHEN IN SÜßER SAUCE

 6 Port.  2 Std. Leicht

Zutaten

2 kg Hähnchen (küchenfertig)
60 g süße Sahne
250 ml Tej (oder halbtrockener Weißwein mit 1 EL Honig)
2 Orangen
1 Möhre
1 Stange Sellerie
1 Zwiebel
1 Handvoll Petersilienstiele
1 Handvoll Thymianstiele
1 EL Olivenöl
½ EL Berbere
2 TL Salz
2 TL schwarzer Pfeffer (gemahlen)

Küchenutensilien:
2 Schüsseln
1 Bräter
1 Sieb
Küchengarn
Alufolie
Backofen

Nährwerte p. P.

752 kcal
7 g Kohlenhydrate
39 g Fett
94 g Eiweiß

1 Den Backofen auf 200 Grad Celsius Oberhitze einstellen. Die Kräuter waschen und trocken schütteln. Das Gemüse schälen und grob würfeln. Die Zwiebel allerdings klein hacken.

2 Das Hähnchen von innen und außen waschen. Innen wird es mit je einem Teelöffel gesalzen und gepfeffert. Die Kräuterstängel in die Bauchhöhle geben. Die Keulen mit Küchengarn festbinden.

3 Das Hähnchen außen mit Öl einreiben. In der Schüssel eine Marinade aus dem restlichen Salz und Pfeffer sowie dem Berbere anrühren. Damit das Hähnchen einreiben.

4 Den Bräter mit etwas Öl einfetten. Das Hähnchen mit dem Bauch nach unten hineinlegen. Die Gemüsewürfel drumherum verteilen. Alles mit Alufolie bedecken und 30 Minuten backen. Danach wenden und erneut mit der Folie bedecken und 30 Minuten weitergaren.

5 Anschließend die Folie entnehmen und das Hähnchen goldbraun backen. Den Bräter aus dem Ofen nehmen, Garn sowie Stängel entfernen und das Hähnchen 15 Minuten bedeckt ruhen lassen.

6 Die Orangen schälen und über einer Schüssel filetieren. So wird der Saft gleich aufgefangen.

7 Tej in den Bräter gießen und den Bratensatz lösen. Die Sahne angießen und alles sämig einkochen. Den Fond durch ein Sieb passieren, dabei das Gemüse gut ausdrücken. Der Sauce den Orangensaft unterrühren und die Orangenfilets beimengen.

8 Das Hähnchen tranchieren und auf dem Teller mit der Sauce benetzen. On top gehören ein paar Orangenfilets.

SIGA TIBS

GEBRATENES RINDFLEISCH

4 Port. 30 Min. Leicht

Zutaten

1 kg Rindfleisch (Oberschale oder Roastbeef)
2 Zwiebeln
1 Jalapeño
1 Zweig Rosmarin
3 EL Sonnenblumenöl
1 ½ EL Niter Kebbeh
1 TL Salz
1 TL schwarzer Pfeffer (gemahlen)
1 Prise Mitmita

Küchenutensilien:
1 Pfanne

Nährwerte p. P.

421 kcal
1 g Kohlenhydrate
24 g Fett
53 g Eiweiß

1 Die Zwiebeln schälen und in dünne Scheiben schneiden. Den Rosmarin waschen, abtupfen und die abgezupften Nadeln fein hacken. Jalapeño waschen, deren Samen entfernen und in Ringe schneiden.

2 Das Fleisch waschen, abtupfen und eventuell von Sehnen und Fett befreien. Anschließend in ca. 2 cm große Würfel schneiden.

3 In der großen Pfanne die Zwiebelscheiben bei mittlerer Hitze im erhitzten Öl ca. 12 - 15 Minuten bräunen und anschließend an den Pfannenrand schieben.

4 Das Rindfleisch salzen und pfeffern. Die Temperatur erhöhen und die Fleischwürfel portionsweise von allen Seiten eine Minute scharf anbraten. Danach zur Seite schieben und die nächste Ration Fleisch anbraten. Mit dem Rosmarin würzen.

5 Butter dazugeben und mit Mitmita würzen. Die Jalapeño-Ringe hinzufügen und alles sorgfältig miteinander vermengen.

Tipp: Zu den Siga Tibs empfehlen sich kleine Schälchen mit zusätzlichem Mitmita oder Äthiopischem Senf zum Einstippen.

DIRKOSH QUANTA FIRFIR

TROCKENFLEISCH

2 Port. 40 Min. Leicht

Zutaten

125 g Trockenfleisch
325 ml Wasser
2 Injera
2 Knoblauchzehen
2 Zwiebeln
3 EL Rapsöl
1 EL Berbere
1 EL Niter Kebbeh
1 TL Salz

Küchenutensilien:
1 Pfanne
Backofen

Nährwerte p. P.

321 kcal
1 g Kohlenhydrate
30 g Fett
14 g Eiweiß

1 Den Backofen auf 150 Grad Celsius Oberhitze vorheizen. Zwiebeln und Knoblauch schälen und fein hacken. Das Fleisch in ca. 5 cm lange Streifen schneiden (möglichst dünn).

2 In der Pfanne im heißen Öl die Zwiebeln bei niedriger bis mittlerer Temperatur ca. zehn Minuten glasig anschwitzen. Knoblauch hinzufügen und eine Minute weitergaren.

3 Injera im Ofen knusprig backen. Berbere unterrühren und das Wasser angießen. Zugedeckt das Ganze etwa 15 Minuten köcheln lassen. Eventuell muss noch mehr Wasser angegossen werden, es darf nicht anbrennen.

4 Nun 250 ml heißes Wasser dazugeben und alles aufkochen. Jetzt Butter und Trockenfleisch beimengen und für 2 – 3 Minuten garen. Vor dem Servieren salzen.

RINDERFILET MIT KAFFEESAUCE

4 Port.

4 Std: 45 Min.

Leicht

Zutaten

1,5 kg Lammknochen
600 g Lammfleisch
50 g Kaffeebohnen (dunkel geröstet)
2 l Wasser
60 ml Rotwein
4 EL Olivenöl
2 Stangen Sellerie
1 Möhre
1 Zwiebel
Je 1 Zweig Thymian, Lorbeer und Petersilie
1 EL Tomatenmark
1 TL Salz

Küchenutensilien:
2 kleine Töpfe
1 großer Kochtopf
1 Ofenpfanne
Backofen

Nährwerte p. P.

567 kcal
2 g Kohlenhydrate
22 g Fett
90 g Eiweiß

1 Den Backofen auf 200 Grad Celsius Oberhitze vorheizen. Möhre und Zwiebel schälen und grob würfeln. Sellerie putzen und ebenfalls zu groben Würfeln verarbeiten.

2 Die Knochen notfalls mit dem Küchenbeil zerteilen. Diese mit einem Esslöffel Öl einreiben, in der Ofenpfanne verteilen und etwa 45 Minuten rösten, bis sie gut gebräunt sind. Sie müssen ab und zu gewendet werden.

3 Derweil zwei Esslöffel Öl im Topf auf mittlere Temperatur bringen. Zwiebel, Sellerie und Möhre zehn Minuten darin etwas bräunlich anbraten.

4 Tomatenmark unterheben und die Knochen hinzufügen. Die gewaschenen und trocken geschüttelten Kräuterzweige ebenso dazugeben.

5 Den Bratensatz der Ofenpfanne mit dem Wein ablöschen. Mit dem Löffel kann dieser nun gut abgelöst werden. Das Ganze anschließend in den Topf gießen.

6 Nun zwei Liter Wasser angießen. Nach dem Aufkochen der Topfinhalt offen ca. 2,5 - 3 Stunden vor sich hin köcheln lassen. Die Flüssigkeit sollte auf etwa 700 ml eingedickt sein.

7 Den Fond durch ein Sieb in einen sauberen Topf passieren und die festen Bestandteile entfernen. Den Fond nun auf starker Hitze zur Hälfte einkochen.

8 Im zweiten Topf die Kaffeebohnen rösten, bis sie duften und in der Sauce ca. zehn Minuten ziehen lassen. Die Sauce erneut durch ein Sieb in einen sauberen Topf passieren.

9 Das Fleisch abspülen und trocken tupfen. Anschließend in vier gleich große Stücke schneiden und salzen. In der ofenfesten Pfanne das übrige Öl erhitzen und die gesalzenen Filets von beiden Seiten eine Minute scharf anbraten.

10 Das Fleisch im Ofen etwa zwei Minuten garen und anschließend ca. zehn Minuten ruhen lassen. Derweil die Kaffeesauce erwärmen und vor dem Servieren über das Fleisch geben.

BUTTERMILCH-HÄHNCHEN

6 Port.

2 Std.

Leicht

Zutaten

400 ml Buttermilch
350 ml Gemüsebrühe
3 Auberginen
3 Tomaten
1 Zucchino
5 EL Sonnenblumenöl
½ EL Berbere
½ EL Niter Kebbeh
1 TL Kardamom (gemahlen)
1 TL Kurkuma (gemahlen)
1 TL Salz

Küchenutensilien:
1 Schüssel
1 Grillpfanne
1 Pfanne
Backofen

Nährwerte p. P.

682 kcal
4 g Kohlenhydrate
45 g Fett
67 g Eiweiß

1 Das Hähnchen waschen, abtrocknen und die Schenkel zerteilen. In der Schüssel 350 ml Buttermilch mit Berbere und Kardamom verquirlen. Die Hähnchenstücke dazugeben und eine Stunde im Kühlschrank marinieren.

2 Den Backofen auf 200 Grad Celsius erhitzen. Die Auberginen putzen, trocknen und der Länge nach halbieren. Zucchino putzen und in ca. 1 cm dicke Scheiben schneiden. Die Tomaten waschen, halbieren und deren Stielansätze entfernen.

3 Die Grillpfanne auf hohe Temperatur erhitzen. Die Auberginen mit etwas Öl einreiben und ca. fünf Minuten von jeder Seite grillen. In Alufolie backen sie weitere 35 - 40 Minuten im Ofen gar. Die Folie beim Herausnehmen nicht entfernen.

4 Die Tomatenhälften sowie Zucchinischeiben ebenfalls 3 - 5 Minuten grillen und zugedeckt warmstellen.

5 Die Hähnchenschenkel abtropfen lassen und mit dem restlichen Öl in einer Pfanne bei mittlerer Temperatur ca. fünf Minuten von beiden Seiten braten.

6 Die Brühe angießen und die Butter sowie Kurkuma unterrühren. Nach etwa 4 - 5 Minuten die Keulen herausnehmen und warmstellen.

7 Die Sauce mit der restlichen Buttermilch etwas einkochen. Die Keulen anrichten, mit Sauce übergießen und das gegrillte Gemüse daneben anrichten.

MELAS SEMBER

KUTTELN UND ZUNGE

4 Port.

2 Std. 25 Min.

Leicht

Zutaten

225 g Kutteln (vorgegart + gesäubert)
225 g Kalbszunge
1 l Wasser
½ Zwiebel
½ Jalapeño
2 EL Niter Kebbeh
1 Prise Mitmita
1 Prise Salz

Küchenutensilien:
1 Kochtopf
1 Sieb
1 Pfanne

Nährwerte p. P.

340 kcal
4 g Kohlenhydrate
24 g Fett
29 g Eiweiß

1 Zwiebel schälen und in dünne Streifen schneiden. Jalapeño waschen, deren Samen entfernen und in Ringe schneiden.

2 Kutteln sorgfältig waschen, bis sie keinen Geruch mehr aufweisen. Anschließend im großen Topf 1,5 - 2 Stunden mit reichlich Wasser bedeckt kochen, bis sie weich sind. Im Sieb abtropfen lassen und anschließend in mundgerechte Stücke schneiden.

3 Die Haut der Zunge mit einem sehr scharfen Messer abziehen. Knorpel und Fett an der Zungenwurzel entfernen. Die Kalbszunge ebenso in mundgerechte Stücke schneiden.

4 In der Pfanne die Butter erhitzen. Die Zunge hinzugeben, das Ganze mit Mitmita sowie Salz mischen und etwa eine Minute anbraten.

5 Zwiebel und Jalapeño hinzufügen und alles eine Minute braten. Kutteln dazugeben und eine weitere Minute mitgaren. Die Zunge sollte innen rosa, die Zwiebel sollte knackig sein.

KITFO

STEAK TATAR

4 Port. 20 Min. Leicht

Zutaten

500 g Rindfleisch (Oberschale, Ribeye oder flaches Roastbeef)
100 g Niter Kebbeh
1 Prise Mitmita
1 Prise Salz
1 Prise Kardamom (gemahlen)

Küchenutensilien:
1 Topf
1 Pfanne

Nährwerte p. P.

337 kcal
1 g Kohlenhydrate
26 g Fett
27 g Eiweiß

1 Das Fleisch waschen, trocken tupfen sowie eventuell von Fett und Sehnen befreien. Das Fleisch mit dem Kochmesser ähnlich klein wie Hackfleisch schneiden. (Der Metzger kann es auch zweimal durchlassen.) Die Butter im Topf zerlassen.

2 In der Pfanne auf niedriger Stufe alle Zutaten miteinander vermengen. Das Fleisch darf nur sehr kurz erwärmt werden und sollte noch roh sein. Dazu werden Bulgur und Gomen gereicht.

BEG SIGA ALICHA

LAMMRAGOUT

4 Port.

2 Std. 15 Min.

Leicht

Zutaten

1,5 kg Lammkeule (mit Knochen, etwa 1 Stück)
500 ml Wasser
4 Zwiebeln
3 Jalapeño
4 EL Niter Kebbeh
3 EL Rapsöl
2 EL Knoblauch (fein gehackt)
1 EL Ingwer (frisch gerieben)
1 EL Salz
½ TL Ajowan (gemahlen)
½ TL Kurkuma (gemahlen)

Küchenutensilien:
1 Küchenbeil
1 Schmorpfanne
1 Topf

Nährwerte p. P.

810 kcal
1 g Kohlenhydrate
68 g Fett
52 g Eiweiß

1 Die Lammkeule am besten gleich beim Metzger entbeinen und die Knochen mitgeben lassen. Das Fleisch abspülen, abtupfen und in ca. 3 cm große Stücke schneiden. Die Knochen mit dem Küchenbeil in kleine Stücke hacken.

2 Die Zwiebeln schälen und fein hacken. Die Jalapeño waschen, die Samen entfernen und die Schoten klein hacken.

3 In der Schmorpfanne zwei Esslöffel Butter und das Öl auf mittlere Temperatur erhitzen. In 12 - 15 Minuten darin die Zwiebeln anschwitzen. Ingwer und Knoblauch dazugeben. Wenn es aromatisch duftet, Ajowan und Kurkuma untermengen.

4 Das Fleisch ordentlich mit Salz einreiben. Knochen und Fleisch nun in die Schmorpfanne geben und in 8 - 10 Minuten das Lammfleisch allseitig gut anbräunen.

5 Im Topf das Wasser aufkochen und zum Lamm gießen. Mit aufgelegtem Deckel das Ganze nun ca. 1 ½ Stunden schmoren lassen. Die Sauce soll gut eindicken. Am Ende der Garzeit die Knochen entfernen und die restliche Butter untermischen.

6 Die gehackten Jalapeño dienen der Garnierung vor dem Servieren.

KURT

ROHE RINDFLEISCHSTÜCKE

4 Port.

25-30 Min.

Leicht

Zutaten

500 g Rindfleisch (Ribeye, Oberschale oder flaches Roastbeef)
2 Injera
4 EL Äthiopischer Senf
4 EL Awaze
4 EL Mitmita
4 EL Daata
1 EL heißes Wasser

Küchenutensilien:
4 Dip-Schälchen

Nährwerte p. P.

188 kcal
1 g Kohlenhydrate
7 g Fett
32 g Eiweiß

1 Das Fleisch waschen, abtrocknen und notfalls von Knorpeln, Sehnen und Fett befreien. Das Rindfleisch nun in etwa 3 – 4 cm große Stücke schneiden und gleich auf der Platte anrichten.

2 Den Senf mit einem Esslöffel heißem Wasser verdünnen. Die vier Esslöffel Dip-Grundlagen jeweils in vier kleine Schälchen geben.

3 Injera in ca. 8 cm breite Streifen schneiden, aufrollen und zur Speise reichen.

Hauptgerichte mit Fisch

Äthiopien hat für Fischgenießer dank einer langen eigenen Landesküste ein paar nährstoffreiche Fischsorten zu bieten. Die Verarbeitung erfolgt hierbei schonend und belässt die wertvollen Inhaltsstoffe im Fisch.

ASA SHORBA

FISCHSUPPE

4 Port.

45 Min.

Leicht

Zutaten

1 kg Fischgräten und -köpfe
450 g Fisch (oder 4 Fischsteaks, Meerbrasse oder Red Snapper)
2 l Wasser
2 EL Knoblauch (fein gehackt)
2 EL Ingwer (frisch gerieben)
2 EL Jalapeño (fein gehackt)
1 EL Kurkuma (gemahlen)
1 TL Salz
1 TL schwarzer Pfeffer (frisch gemahlen)

Küchenutensilien:
2 Kochtöpfe
1 Schaumkelle
1 Standmixer

Nährwerte p. P.

422 kcal
1 g Kohlenhydrate
12 g Fett
79 g Eiweiß

1 Im großen Kochtopf die Fischgräten und -köpfe mit zwei Liter Wasser aufkochen. Mit der Schaumkelle den Schaum entnehmen.

2 Im Standmixer Jalapeño, Ingwer und Knoblauch mit einem Teelöffel Fischfond zu einer Paste pürieren.

3 Kurkuma der Gewürzpaste unterrühren und diese dem Fischtopf hinzufügen. 15 - 20 Minuten das Ganze unter halb offenem Deckel vor sich hin köcheln lassen. Danach den Fond durch ein Sieb in einen zweiten Topf gießen. Die festen Bestandteile entsorgen.

4 Die Fische abspülen, trocken tupfen und einmal diagonal leicht einschneiden. Anschließend salzen und pfeffern. Die Fische in den Fondtopf geben und 3 – 5 Minuten mitgaren.

5 Die Fische mit der Schaumkelle herausnehmen, in mundgerechte Stücke schneiden und weitere 1 - 2 Minuten in der Suppe garen lassen. Zum Schluss die Suppe in Schalen servieren. Dazu passt gut Maisbrot.

ASA LEBLEB

GEDÜNSTETER FISCH

4 Port. 15 Min. Leicht

Zutaten

700 g Fischfilet (küchenfertig, Viktoriabarsch oder Tilapia)
180 ml Fischfond
1 Knoblauchzehe
1 Zwiebel
1 Jalapeño
1 TL Zitronensaft
1 TL Salz
½ TL Ingwer (frisch gerieben)

Küchenutensilien:
1 große, flache Pfanne

1 Knoblauch schälen und fein hacken. Zwiebel schälen und in Scheiben schneiden. Jalapeño waschen, Samen entfernen und die Schote in Ringe schneiden. Den Fisch abspülen, abtupfen und in ca. 3 cm große Würfel schneiden.

2 In der großen Pfanne den Fond aufkochen. Die Fischwürfel bei schwacher Hitze ohne Rühren darin etwa eine Minute garen.

3 Knoblauch und Ingwer hinzufügen und die Fischstücke wenden. Das Ganze noch einmal eine Minute köcheln lassen.

4 Zwiebel und Jalapeño untermengen und alles eine weitere Minute garen. Vorsicht - der Fisch darf nicht zerfallen.

5 Salz und Zitronensaft einrühren. Es darf sofort serviert werden.

Nährwerte p. P.

279 kcal
1 g Kohlenhydrate
15 g Fett
37 g Eiweiß

GEBRATENER NILBARSCH

4 Port.

50 Min.

Leicht

Zutaten

600 g Nilbarsch
450 g Brennnesselblätter
175 g süße Sahne
500 ml Wasser
120 ml Weißwein
4 Zitronenspalten
Saft 1 Zitrone
1 Zweig Thymian
1 Zwiebel
3 EL Sonnenblumenöl
1 TL Salz
1 Prise schwarzer Pfeffer (frisch gemahlen)

Küchenutensilien:
2 große Pfannen
1 Kochtopf
1 Sieb
1 Holzlöffel

Nährwerte p. P.

478 kcal
7 g Kohlenhydrate
35 g Fett
33 g Eiweiß

1 Brennnessel und Thymian waschen und trocken schütteln. Zwiebel schälen und fein hacken.

2 Die Brennnesselblätter im Topf mit 500 ml Wasser und einer Prise Salz ca. 20 Minuten garen. Anschließend im Sieb abtropfen lassen. Sie sollten mit dem Holzlöffel gut ausgedrückt werden.

3 In der großen Pfanne einen Esslöffel Öl erhitzen. Darin die Zwiebeln bei mittlerer Temperatur in ca. fünf Minuten glasig anschwitzen. Den Wein angießen und zur Hälfte einkochen.

4 Die Sahne hinzufügen und alles nochmals 2 - 3 Minuten eindicken lassen. Die Brennnesselblätter in die Sauce einrühren. Das Ganze mit Salz und Pfeffer würzen.

5 Das restliche Öl in der zweiten großen Pfanne auf hohe Temperatur erhitzen. Die Filets von jeder Seite eine Minute anbraten. Zitronensaft darüber träufeln und den Thymianzweig in die Pfanne geben.

6 Bei reduzierter Temperatur den Fisch nun etwa fünf Minuten garen, bis er glasig auf den Punkt gar ist.

7 Die Brennnesseln auf dem Teller anrichten. Darüber den Fisch legen und mit einer Zitronenspalte garnieren. Dazu passen Ofenkartoffeln oder Blumenkohlpüree.

ASA GOULASH

FISCHGULASCH

4 Port.

45 Min.

Leicht

Zutaten

600 g Fischfilet (küchenfertig, Red Snapper oder Tilapia)
150 ml Rapsöl
4 Injera
4 Tomaten
1 Zwiebel
1 EL Knoblauch (fein gehackt)
1 EL Vollkornmehl
½ EL Ingwer (frisch gerieben)
1 TL Berbere
1 TL Rosmarin (getrocknet)
2 Prisen Salz
1 Prise schwarzer Pfeffer (frisch gemahlen)

Küchenutensilien:
1 Topf
1 Pfanne
1 Schüssel
1 große Pfanne
1 Küchenzange
1 Schaumkelle
Küchenpapier

Nährwerte p. P.

513 kcal
1 g Kohlenhydrate
43 g Fett
32 g Eiweiß

1 Die Tomaten waschen, die Schale einritzen und etwa 30 Sekunden in heißes Wasser legen. Jetzt lässt sich die Haut perfekt abziehen. Die Tomaten von Stielansatz sowie Samen befreien und das Tomatenfleisch fein hacken. Zwiebel schälen und ebenfalls fein hacken.

2 Ca. vier Esslöffel Öl in der Pfanne bei schwacher bis mittlerer Hitze erwärmen. Die Zwiebel darin in 8 - 10 Minuten glasig anschwitzen.

3 Ingwer sowie Knoblauch hinzufügen und alles noch eine Minute weitergaren. Anschließend Berbere, Tomaten und Rosmarin unterheben. Danach mit Pfeffer abschmecken. Bei mittlerer Temperatur das Ganze ca. zehn Minuten köcheln lassen. Anschließend die Pfanne zur Seite stellen.

4 In der Schüssel Mehl und zwei Prisen Salz mischen. Den Fisch abspülen, trocken tupfen und in etwa 3 cm große Würfel schneiden. Diese von allen Seiten im Mehl wälzen.

5 Die große Pfanne zu etwa 1,5 cm hoch mit Öl füllen und dieses auf hohe Temperatur erhitzen. Wenn es flimmert, dann die Hitze reduzieren.

6 Mit einer Küchenzange ein paar Fischwürfel 1 - 2 Minuten lang darin frittieren, bis sie goldgelb erscheinen. Es sollten nicht zu viele Fischstücke gleichzeitig in der Pfanne sein. Zwischendurch die Filetwürfel wenden.

7 Den Fisch mit der Schaumkelle entnehmen und auf einem Küchenpapier abtropfen lassen.

8 Die Fischwürfel in die Tomatensauce geben und alles gut durchmischen. Der Fisch sollte noch 2 - 3 Minuten darin garen.

9 Injera in Stücke reißen und darunterheben. Es kann auch separat dazu gegessen werden.

BRASSE MIT BULGUR

4 Port.

1 Std.

Leicht

Zutaten

600 g Meerbrasse (küchenfertig + zu 4 Stücken)
350 g süße Sahne
265 g mittelfeiner Bulgur
1 l Fischfond
4 Zitronenspalten
2 Zweige Zitronenthymian
½ Zwiebel
2 EL Olivenöl
1 EL Butter
½ EL Schwarzkümmel (gemahlen)
2 TL Zitronensaft
1 TL Salz
1 TL schwarzer Pfeffer (frisch gemahlen)

Küchenutensilien:
2 Kochtöpfe
1 Schüssel
1 Stabmixer
1 Pfanne

Nährwerte p. P.

820 kcal
46 g Kohlenhydrate
56 g Fett
32 g Eiweiß

1 Den Zitronenthymian waschen und trocken schütteln. Zwiebel schälen und fein hacken. Den Fond im Kochtopf aufkochen und zur Seite stellen.

2 In einem großen Topf das Öl erhitzen und die Zwiebeln darin für fünf Minuten anschwitzen. Unter ständigem Rühren den Bulgur dazugeben und zwei Minuten bis zum duftenden Aroma anbraten.

3 Schwarzkümmel hinzufügen und alles noch eine Minute garen. Etwa 875 ml Fischfond angießen und den Topfinhalt salzen. Unter geschlossenem Deckel das Ganze 12 - 15 Minuten vor sich hin köcheln lassen.

4 Ca. 150 ml Sahne angießen und unterrühren. Den Fond salzen sowie pfeffern und weitere zwei Minuten bei schwacher Hitze köcheln lassen.

5 Drei Viertel des Bulgurs in einer Schüssel beiseitestellen. Die restliche Sahne und 60 ml Fond zum übrigen Bulgur in den Topf geben. Das Ganze aufkochen und den Inhalt anschließend mit dem Stabmixer schaumig pürieren.

6 Den verbleibenden Fischfond in einer Pfanne erhitzen. Die Butter untermengen und den Thymian dazugeben. Wenn der Pfanneninhalt siedet, die erste Hälfte Fisch entsprechend der Fischdicke 3 – 5 Minuten offen garen. Er sollte stetig mit Fond übergossen werden. Im Anschluss daran wird mit der zweiten Hälfte Fisch genauso verfahren,

7 Den Bulgur in die Servierschüsseln geben und mit dem Bulgurschaum übergießen. Den Fisch darauf anrichten und mit Zitronensaft beträufeln. Eine Zitronenspalte dient als Garnierung.

Vegetarische Hauptgerichte

Gemüse gehört zu einem Hauptbestandteil der äthiopischen Küche. Da stellt es keine große Überraschung dar, Mahlzeiten ohne Fleischvarianz aufzutischen. Die Power in Kartoffel, Möhre, Paprika und Co. schenken gesunde Ernährung von Natur aus.

MORINGA-TEFF-LASAGNE

4 Port.

1 Std. 25 Min.

Leicht

Zutaten

350 g Moringablätter (oder Spinatblätter)
350 g Tomatensauce
175 g Mozzarella (gerieben)
165 g Vollkornmehl
150 g Teffmehl
300 ml Vollmilch
300 ml Wasser
3 Eier
1 Knoblauchzehe
2 ½ EL Olivenöl
2 EL Niter Kebbeh
1 Prise Salz
1 Prise schwarzer Pfeffer (frisch gemahlen)

Küchenutensilien:
3 Töpfe
1 Schüssel
1 Küchentuch
1 Nudelholz
1 Auflaufform
1 Pfanne
1 Standmixer
Backofen

Nährwerte p. P.

640 kcal
81 g Kohlenhydrate
21 g Fett
29 g Eiweiß

1 Den Knoblauch schälen und grob hacken. Moringa waschen und verlesen.

2 In der Schüssel als Erstes jeweils 150 g der Mehlsorten vermischen. Das restliche Mehl ist zum Bestäuben in einzelnen Arbeitsschritten.

3 Die Eier aufschlagen und mit 1 ½ Esslöffel Öl in der Mehlschüssel zu einem homogenen Teig verarbeiten. Den Teig anschließend zugedeckt unter einem feuchten Küchentuch ca. 30 Minuten ruhen lassen.

4 Jetzt den Teig gleichermaßen in vier Teile teilen. Diese einzeln mit dem Nudelholz zu runden, etwa 1,5 mm dicken Fladen ausrollen, rechteckig entsprechend der Auflaufformgröße zuschneiden und mit Mehl bestäuben.

5 Die Lasagneplatten ca. fünf Minuten einzeln im Kochtopf im heißen Wasser kochen lassen. Danach kalt abschrecken und abtropfen lassen.

6 Im zweiten Topf die Milch, im dritten Topf die Butter erwärmen. Im Buttertopf etwa zwei Esslöffel Mehl einrühren und eine Minute anschwitzen. Die Milch nach und nach hinzugießen, bis eine sämige Flüssigkeit entsteht.

7 Das übrige Olivenöl in der Pfanne erhitzen. Darin Knoblauch und Moringa etwa fünf Minuten garen. Im Standmixer den Pfanneninhalt samt 120 ml Béchamelsauce aus Schritt 6 pürieren und mit Salz und Pfeffer würzen.

8 Den Backofen auf 200 Grad Celsius Oberhitze einstellen. Den Boden der Auflaufform mit einer Lasagneplatte auslegen. Ca. 60 ml Moringa-Béchamel darauf verteilen. Nun werden ca. 40 g Mozzarella obenauf geben.

9 Ebenso mit den übrigen Schichten verfahren, bis die Form gefüllt ist. Die oberste Schicht mit der Moringa-Béchamelsauce abschließen.

10 Die Lasagne im Ofen ca. 15 Minuten backen.

RÄUCHERMILCH-KARTOFFELN

 4 Port.  1 Std. Leicht

Zutaten

1 kg Kartoffeln (festkochend)
1 l geräucherte Milch
½ Muskatnuss (frisch gerieben)
1 Prise Salz
1 Prise schwarzer Pfeffer (gemahlen)

Küchenutensilien:
1 Kochtopf
1 Schaumkelle
1 runde Backofenform
Backofen

Nährwerte p. P.

373 kcal
55 g Kohlenhydrate
11 g Fett
13 g Eiweiß

1 Den Backofen auf 200 Grad Celsius Oberhitze vorheizen. Die Kartoffeln schälen und in ca. 3 mm dicke Scheiben schneiden. Im großen Kochtopf Milch und Kartoffeln aufkochen und bei niedriger Temperatur für zehn Minuten kochen lassen.

2 Die Kartoffeln mit der Schaumkelle entnehmen und in der runden Ofenform spiralförmig einlegen.

3 Die Milch bei mittlerer Hitze auf etwa 375 ml einkochen, mit den Gewürzen abschmecken und anschließend über die Kartoffeln gießen.

4 Den Auflauf im Ofen ca. 20 Minuten backen, bis die obere Schicht goldbraun ist.

TEFF-TAGLIATELLE

4 Port.

1 Std. 15 Min.

Leicht

Zutaten

240 g süße Sahne
150 g Teffmehl
165 g Vollkornmehl
90 g schwarze Oliven (entsteint)
575 ml Hühnerbrühe
500 ml Wasser
3 Möhren
3 Eier
1 Zweig Thymian
2 ½ EL Olivenöl
2 EL Tomaten (getrocknet + gehackt)
1 EL Blauschimmelkäse
1 EL Butter

Küchenutensilien:
2 Töpfe
1 Schüssel
1 Küchentuch
1 Nudelholz
1 Kochtopf
1 Sieb

Nährwerte p. P.

836 kcal
54 g Kohlenhydrate
60 g Fett
16 g Eiweiß

1 Die Möhren schälen und in mundgerechte Stücke schneiden. Den Thymian waschen und trocken schütteln. Den Blauschimmelkäse grob zerbröckeln.

2 In der Schüssel beide Mehlsorten mit den aufgeschlagenen Eiern und 1 ½ Esslöffel Öl gut vermengen. Den homogenen Teig zugedeckt unter einem feuchten Küchentuch ca. 30 Minuten ziehen lassen.

3 Den Teig in vier Teile teilen. Jeden Teigling zu einem Fladen formen und ca. 1,5 mm dick ausrollen. Jeden Fladen nun in etwa 5 mm breite Streifen schneiden.

4 Für die Sauce die Butter bei mittlerer Hitze im Topf zerlassen. Möhren und Thymian dazugeben und alles zwei Minuten garen. Etwa 220 ml Brühe angießen und den Topfinhalt zehn Minuten durchziehen lassen.

5 Im zweiten Topf das restliche Öl erhitzen. Darin die Tomaten bräunlich anbraten. Den Rest der Hühnerbrühe angießen. Jetzt den Schimmelkäse und die Sahne unterrühren. Die Sauce einkochen lassen und wird mit Salz und Pfeffer würzen.

6 Die Oliven nach Wunsch halbieren und mit den Möhren in den Sahnetopf geben. Das Ganze etwa zehn Minuten durchziehen lassen.

7 Derweil das Salzwasser im Kochtopf aufkochen. Darin die Tagliatelle für ca. fünf Minuten al dente kochen und anschließend im Sieb abtropfen lassen. Zum Schluss die Tagliatelle mit in den Sahnetopf gegeben, alles gut durchschwenken und servieren.

MISIR WAT

GEWÜRZTE ROTE LINSEN

6 Port.

1 Std. 15 Min.

Leicht

Zutaten

250 g rote Linsen
500 ml Gemüsebrühe
3 Knoblauchzehen
1 Zwiebel
1 Tomate
4 EL Niter Kebbeh
3 EL Tomatenmark
2 EL Berbere-Gewürz
1 TL Salz

Küchenutensilien:
1 Topf
1 Sieb

Nährwerte p. P.

227 kcal
23 g Kohlenhydrate
10 g Fett
10 g Eiweiß

1 Im Topf drei Esslöffel Niter Kebbeh schmelzen. Den Knoblauch schälen und fein hacken. Zwiebel schälen und würfeln. Die Tomate waschen, den Blütenansatz entfernen und klein würfeln. Die Linsen im Sieb abspülen.

2 Die Zwiebeln zum Schmalz geben und bei mittlerer Hitze 8 - 10 Minuten goldbraun anbraten.

3 Anschließend Knoblauch, Tomaten, Tomatenmark sowie einen Esslöffel Berbere-Gewürz untermischen. Das Ganze 5 – 7 Minuten vor sich hin köcheln lassen.

4 Die Brühe angießen und die Linsen hinzufügen. Das Ganze zugedeckt bei niedriger Temperatur bei gelegentlichem Umrühren ca. 40 Minuten köcheln lassen. Die Linsen sollen weich sein. Notfalls mehr Brühe angießen.

5 Jetzt die übrigen Zutaten unterrühren und alles weitere 3 - 5 Minuten köcheln lassen und nach Wunsch salzen.

GOMEN

GRÜNKOHLPFANNE

4 Port.

30 Min.

Leicht

Zutaten

300 g Grünkohl
2 Chilischoten (oder ½ TL Cayennepfeffer)
1 Zwiebel
1 Zitrone
3 EL Niter Kebbeh (oder Speiseöl)
2 TL Knoblauch (frisch gehackt)
1 ½ TL Ingwer (frisch gehackt)
1 TL Rauchpaprika
1 TL Koriander (oder Kreuzkümmel)
½ TL Kardamomgewürz

Küchenutensilien:
1 Pfanne

Nährwerte p. P.

144 kcal
3 g Kohlenhydrate
12 g Fett
5 g Eiweiß

1 Den Kohl waschen, halbieren und klein hacken. Chili waschen, entkernen und ebenso fein hacken. Die Zwiebel schälen und klein hacken.

2 In einer großen Pfanne Niter Kebbeh, Knoblauch und Ingwer für ca. 30 Sekunden anbraten. Chili, Kreuzkümmel, Paprika sowie Kardamom hinzufügen und weitere 30 Sekunden anbraten. Es darf nichts anbrennen.

3 Die Zwiebeln nun ca. 4 - 6 Minuten in der Pfanne sautieren.

4 Den Grünkohl untermischen, mit Zitronensaft ablöschen und den Kohl noch 8 – 10 Minuten garen.

ÄTHIOPISCHER GNOCCHIAUFLAUF

4 Port.

1 Std. 15 Min.

Mittel

Zutaten

245 g Vollkornmehl
110 g Butter
100 g Hartkäse
900 ml Vollmilch
500 ml Wasser
4 Eier
¼ Muskatnuss (frisch gerieben)
1 Prise Mitmita
1 Prise Salz
1 Prise schwarzer Pfeffer (frisch gemahlen)

Küchenutensilien:
3 Töpfe
2 Schüsseln
1 Pfanne
1 Rührschüssel
1 Spritzbeutel mit Lochtülle
1 Schere
1 Schaumkelle
1 Auflaufform
Backofen

Nährwerte p. P.

737 kcal
49 g Kohlenhydrate
48 g Fett
27 g Eiweiß

1 In der Pfanne das Mehl ohne Fett unter stetem Rühren bei mittlerer Hitze ca. zehn Minuten goldbraun anbraten und in eine Schüssel geben.

2 Im Topf nun 80 g Butter sowie 420 ml Milch miteinander vermischen. Muskat und Mitmita unterrühren. Das Ganze aufkochen und 200 g Mehl dazugeben. Gut vermischen und ca. drei Minuten garen, bis der Inhalt eine Teigkonsistenz annimmt.

3 Die Eier aufschlagen und nacheinander in der Rührschüssel unter den Teig heben.

4 Den Gnocchi-Teig in den Spritzbeutel mit Lochtülle füllen. Wasser im Kochtopf aufkochen. Mit dem Spritzbeutel über dem Topf den Teig herausdrücken. Alle 2,5 - 3 cm die einzelnen Gnocchi mit der Schere abschneiden. Wenn sie aufsteigen, mit der Schaumkelle entnehmen.

5 Die Gnocchi in einer Schüssel mit Eiswasser abkühlen. Wenn sie zu Boden gehen, können sie entnommen werden.

6 Den Backofen auf 200 Grad Celsius Oberhitze vorheizen. In einem Topf wird die übrige Butter zerlassen. Das unverbrauchte Mehl hineingeben. Alles gut verrühren und unter stetem Rühren zwei Minuten anschwitzen.

7 Im letzten Topf die Milch erwärmen und dem Mehltopf beimengen. Bei niedriger Temperatur das Ganze fünf Minuten durchziehen lassen. Es sollte eine sämige Béchamelsauce werden. Nach Belieben salzen und pfeffern.

8 Die Gnocchi in der Auflaufform verteilen, mit der Sauce übergießen und mittig für ca. 15 Minuten im Ofen backen. Derweil den Käse reiben und auf den Auflauf geben. Das Gericht so lange überbacken, bis die Käsedecke goldbraun ist.

YETSOM BEYAYNETU

VEGETARISCHE PLATTE

6 Port. 2,5 Std. Leicht

Zutaten

8 Injera
200 g Shiro Wat
200 g Misir Wat
200 g Kik Alicha
200 g Gomen
200 g Atakilt Wat

Küchenutensilien:
1 Tablett oder 1 flache Korbschale

Nährwerte p. P.

317 kcal
46 g Kohlenhydrate
6 g Fett
16 g Eiweiß

1 Folgende Komponenten nach jeweiligen Rezepten zubereiten: Shiro Wat (S. 37), Kik Alicha (S. 46), Misir Wat (S. 86), Gomen (S. 87) und Atakilt Wat (S. 91).

2 Das Injera nach Rezept (S. 26) zubereiten. In der Mitte des Tabletts werden die fünf vegetarischen Gerichte bereits angerichtet.

3 Mit dem frischen Brot die Gerichte nach Wahl aufnehmen und in geselliger Runde genießen.

Vegane Hauptgerichte

Ganz ohne tierische Produkte geht es auch! Vegane Mahlzeiten stechen als gesundes Highlight in der Alltagsküche heraus. Dank der Leichtigkeit der pflanzlichen Zutaten und der Energie aus der Natur lassen sich nicht nur die Fastentage vollwertig gestalten.

ATAKILT WAT

MÖHREN-KARTOFFELN

2 Port.

50 Min.

Leicht

Zutaten

300 g Kartoffeln
100 g Möhren
100 g Zwiebel
2 Knoblauchzehen
1 grüne Chili
½ Kohl
2 TL Olivenöl (oder vegane Butter)
1 TL Ingwer (gehackt)
¼ TL Kreuzkümmelpulver
¾ TL Kurkumapulver
¼ TL Bockshornkleesamenpulver
¼ TL Kardamompulver
¼ TL Zimtpulver

Küchenutensilien:
1 Pfanne

Nährwerte p. P.

259 kcal
48 g Kohlenhydrate
5 g Fett
9 g

1 Die Möhren schälen und in Scheiben schneiden. Kartoffeln schälen und in mundgerechte Würfel schneiden. Zwiebeln sowie Knoblauch schälen und fein hacken. Den Kohl waschen, Strunk entfernen und die Kohlblätter hacken. Chili waschen, von Samen befreien und hacken.

2 Die Pfanne mit einem Teelöffel Öl auf mittlere Temperatur erhitzen. Knoblauch, Zwiebeln, Chili sowie Ingwer in die heiße Pfanne geben und vier Minuten köcheln lassen.

3 Anschließend die restlichen Gewürze hinzugeben und den Pfanneninhalt weitere drei Minuten köcheln lassen. Das Öl sollte aufgesaugt worden und die Zwiebeln goldbraun angeröstet sein.

4 Kartoffeln und Möhren hinzufügen. Das Ganze gut durchmischen, anschließend den Kohl unterrühren. Das Ganze abgedeckt nun ca. 15 Minuten garen. Zwischendurch umrühren.

5 Das restliche Öl angießen und alles mischen. Die Kartoffeln sollten in weiteren 15 Minuten weich sein.

INGUDAI TIBS

GEBRATENE PILZE

4 Port. 30 Min. Leicht

Zutaten

500 g Pilze nach Wahl
3 Gewürznelken
2 Tomaten
1 grüne Paprika
1 Knoblauchzehe
1 rote Zwiebel
2 EL Olivenöl
2 TL Berbere
1 TL Zitronensaft
etwas Petersilie (oder Koriander)

Küchenutensilien:
1 Pfanne

Nährwerte p. P.

151 kcal
1 g Kohlenhydrate
14 g Fett
3 g Eiweiß

1 Die Pilze putzen, abtrocknen und entsprechend der Größe halbieren oder vierteln. Die Tomaten waschen, vom wässrigen Inneren befreien und würfeln. Knoblauch schälen und hacken. Zwiebel schälen und in Streifen schneiden. Paprika waschen, halbieren und von Samen befreien. Diese in lange Streifen schneiden.

2 In der Pfanne das Öl erhitzen. Darin Zwiebel, Paprika und Tomate bei mittlerer Hitze andünsten, bis es weich ist. Nach ca. fünf Minuten die Pilze hinzufügen.

3 Die restlichen Zutaten außer der Petersilie für eine Gewürzmischung vermischen. Diesen würzigen Mix in die Pilzpfanne geben. Den Herd auf hohe Temperatur stellen und die Pilze ca. 3 - 4 Minuten garen.

4 Die Petersilie waschen, die Blätter abzupfen, klein schneiden und als Garnierung auf der Pilzpfanne verteilen.

YATAKLETE KILKIL

GEMÜSEPFANNE

 4 Port.

 45 Min.

 Leicht

Zutaten

225 g grüne Bohnen
225 g Tomaten (gewürfelt in der Dose)
200 g Möhren
500 ml Wasser
50 ml Rapsöl
2 große Kartoffeln
½ Zwiebel
½ Jalapeños
2 TL Knoblauch (frisch gehackt)
1 TL Ingwer (frisch gerieben)
1 TL Koriandergewürz (gemahlen)
1 TL Paprikapulver (geräuchert)
1 TL Salz
½ TL Currypulver (oder Kurkumagewürz)
½ TL weißer Pfeffer (oder schwarzer Pfeffer)
½ TL Chilischote (getrocknet)

Küchenutensilien:
2 Kochtöpfe

Nährwerte p. P.

238 kcal
25 g Kohlenhydrate
14 g Fett
4 g Eiweiß

1 Die Bohnen waschen, putzen und abspülen. Die Kartoffeln schälen und in Würfel schneiden. Beides anschließend im Kochtopf ca. zehn Minuten im Wasser garen.

2 Die Möhren putzen, schälen und in grobe Stifte schneiden. Die Möhren in den letzten fünf Minuten Kochzeit hinzufügen.

3 Zwiebel schälen und in Scheiben schneiden. Die Jalapeño von Samen befreien und klein würfeln.

4 Im großen Topf das Öl auf mittlerer Stufe erhitzen. Die Zwiebel darin ca. zwei Minuten andünsten. Anschließend sämtliche Gewürze einrühren und das Ganze unter gelegentlichem Rühren zehn Minuten kochen lassen.

5 Die Tomaten hinzufügen, alles aufkochen und auf mittlerer Hitze weitere fünf Minuten köcheln lassen.

6 Erst jetzt das Gemüse aus dem Topf unterrühren, mit Salz abschmecken und nochmals zehn Minuten köcheln lassen.

TEFF STEW

TEFF-EINTOPF

8 Port. 45 Min. Leicht

Zutaten

600 g Kartoffeln (oder Süßkartoffeln)
600 g Zucchini
400 g Zwiebel
200 g Teffmehl
75 g cremige Erdnussbutter
800 ml Gemüsebrühe (ungesalzen)
200 ml Wasser
50 ml Zitronensaft
8 Zitronenspalten
4 Knoblauchzehen
2 rote Paprikaschoten
2 Dosen Kichererbsen
1 Dose Tomaten (püriert)
2 EL Kokosnussöl
½ TL Paprikapulver (geräuchert)
½ TL Harissa-Gewürz
½ TL Zimt (gemahlen)
½ TL Piment (gemahlen)
½ TL Meersalz
¼ TL Cayennepfeffer
1 ½ TL Salz

Küchenutensilien:
1 großer Kochtopf

Nährwerte p. P.

340 kcal
34 g Kohlenhydrate
20 g Fett
7 g Eiweiß

1 Die Kartoffeln schälen und in mundgerechte Stücke schneiden. Die Zucchini putzen, das flüssige Innere entfernen, klein schneiden und hacken. Zwiebeln sowie Knoblauch schälen und hacken. Paprika waschen, Samen entfernen und klein würfeln. Die Erbsen abspülen.

2 Einen großen Topf auf mittlere Hitze erwärmen und die Zwiebeln darin im Öl fünf Minuten andünsten. Nun die Gewürze Harissa, Knoblauch, Paprikapulver, Zimt, Piment, Cayennepfeffer und das Meersalz untermengen. Bei stetem Rühren alles eine Minute köcheln lassen. Das Mehl dazugeben und den Topfinhalt unter stetem Rühren köcheln lassen.

3 Die Brühe angießen und die Kartoffelstücke hinzufügen. Nach fünf Minuten das Wasser angießen sowie Paprika und Tomaten untermischen.

4 Das Ganze nun zugedeckt bei schwacher Hitze 12 - 15 Minuten garen.

5 Die Zucchini gut unterrühren. Den Eintopf nochmals zugedeckt zehn Minuten köcheln, bis das Gemüse weich ist.

6 Die Erdnussbutter sowie das Salz untermengen. Zum Schluss die Kichererbsen dazugeben und etwa 3 - 5 Minuten aufwärmen. Vor dem Servieren das Gericht mit den Zitronenspalten garnieren. Es könnte auch mit frischen Kräutern verfeinert werden.

BERBERE KARTOFFELN

4 Port.

1 Std.

Leicht

Zutaten

700 g Kartoffeln (dünnschalig)
25 g Blattpetersilie
150 ml Wasser
4 Knoblauchzehen
2 Schalotten
1 Tomate
3 EL Olivenöl
1 EL Berbere
1 TL Salz
½ TL schwarzer Pfeffer (frisch gemahlen)

Küchenutensilien:
1 ofenfeste Pfanne
1 Tasse
Backofen

Nährwerte p. P.

222 kcal
30 g Kohlenhydrate
11 g Fett
4 g Eiweiß

1 Die Kartoffeln putzen und in dünne Scheiben schneiden. Den Knoblauch schälen und grob zerkleinern. Die Schalotten schälen und ebenfalls in dünne Scheiben schneiden.

2 Den Backofen auf 200 Grad Celsius Oberhitze einstellen. In der ofenfesten Pfanne einen Esslöffel Öl auf mittlere Hitze erwärmen. Darin die Schalotten für 4 - 5 Minuten bei stetigem Umrühren anbraten.

3 Den Knoblauch dazugeben und alles zwei Minuten kochen, bis es aromatisch duftet. Die Tomaten waschen, den Blütenansatz herausschneiden, das Tomatenfleisch würfeln und ebenfalls in die Pfanne geben. Den Tomatensaft in der Tasse auffangen.

4 Nach etwa 4 - 5 Minuten sollten die Tomatenwürfel zerfallen. Jetzt Berbere sowie Wasser hinzugeben. Etwa 50 ml dieses Fonds werden in die Tasse gegeben. Jetzt wird die Tomatensoße mit Salz und Pfeffer abgeschmeckt.

5 Die Kartoffeln in die Pfanne geben und diese ordentlich schwenken. Die zur Seite gestellte Tomatensoße darüber gießen.

6 Bei geschlossenem Deckel aufkochen und anschließend für 30 Minuten in den Ofen stellen.

7 Das Ganze mit dem restlichen Olivenöl beträufeln und nochmals zehn Minuten im Ofen garen. Am Ende mit der Petersilie bestreuen.

SÜẞKARTOFFELBURGER

4 Port.

1 Std.

Leicht

Zutaten

500 g Süßkartoffeln
150 g Haferflocken
100 g grüne Linsen
75 g Erdnüsse (geröstet)
50 g Koriander
400 ml Wasser
4 Burgerbrötchen
3 Frühlingszwiebeln
2 Sellerie-Rippen
1 Tomate
4 EL Nitter Kebbeh
1 EL Limettensaft
1 EL Pflanzenöl
1 TL Paprikapulver
1 TL Koriander (gemahlen)

Küchenutensilien:
1 Topf
1 Standmixer
1 Schüssel
1 Grillpfanne
1 Backblech
Backofen

Nährwerte p. P.

455 kcal
52 g Kohlenhydrate
19 g Fett
16 g Eiweiß

1 Die Kartoffeln schälen und in kleine Würfel schneiden. Die Erdnüsse zerkleinern. Den Koriander waschen, trocken schütteln und klein hacken.

2 Frühlingszwiebeln und Sellerie putzen und klein hacken. Die Tomate waschen, vom Stielansatz befreien und würfeln.

3 Den Backofen auf 220 Grad Celsius vorheizen. Die Süßkartoffelwürfel mit zwei Teelöffeln Gewürzbutter auf dem Backblech verteilen, ca. 15 Minuten in den Ofen schieben und mehrfach mischen. Danach abkühlen lassen.

4 Wasser und Linsen im Topf aufkochen und bei reduzierter Temperatur in ca. 20 Minuten garen.

5 Linsen und Kartoffeln in den Standmixer geben. Erdnüsse, Paprikapulver, gemahlenen Koriander und zwei Esslöffel Niter Kebbeh hinzufügen. Das Ganze pürieren. Die Masse muss so dick sein, dass sich daraus Pattys formen lassen.

6 Daraus vier Burger mit etwa 5 cm Durchmesser formen. Die Brötchen bereits toasten.

7 In einer Schüssel Sellerie, Frühlingszwiebel, frischen Koriander und Tomate miteinander vermengen.

8 In der Grillpfanne das Öl erhitzen und die Pattys etwa drei Minuten von jeder Seite braten.

9 Die Brötchen mit einem Patty und der Gemüsemischung aus der Schüssel belegen.

FOSELIA

GESCHMORTE BOHNEN

4 Port. 45 Min. Leicht

Zutaten

500 g grüne Bohnen
2 Möhren
2 Zwiebeln
2 Knoblauchzehen
2 Eiertomaten
½ TL Kurkuma (gemahlen)
5 EL Rapsöl (oder Sonnenblumenöl)
1 TL Salz

Küchenutensilien:
1 große Pfanne
1 kleine Pfanne

Nährwerte p. P.

224 kcal
4 g Kohlenhydrate
21 g Fett
3 g Eiweiß

1 Zwiebeln und Knoblauch schälen und fein hacken. Die Tomaten waschen, den Stielansatz entfernen und das Fleisch ebenfalls fein hacken. Die Möhren abbürsten und abspülen. Die Bohnen putzen.

2 Die Möhren jeweils in drei Stücke und diese wiederum in etwa acht Stifte schneiden.

3 In der großen Pfanne die Möhren und Bohnen in zwei Esslöffel Öl ca. 25 – 30 Minuten anschmoren.

4 Das restliche Öl in der zweiten Pfanne auf mittlere Temperatur erhitzen und die Zwiebeln darin in ca. 10 Minuten glasig anschwitzen.

5 Knoblauch, Tomaten sowie Kurkuma unterrühren. Das Ganze salzen und bei schwacher Hitze etwa 15 Minuten schmoren lassen. Eventuell ein wenig Wasser beimengen, damit der Inhalt nicht ansetzt.

6 Die Tomatensauce über das Schmorgemüse geben, alles gut mischen und servieren.

Fingerfood und Snacks

Für die schnelle Hand oder die kleine Verpflegung während entspannter Stunden im Haus beziehungsweise auf der Terrasse stehen einige Snacks zur Verfügung. So lässt sich jeder Tag mit ein wenig Energie zwischendurch versorgen.

AWAZE TIBS

RINDFLEISCHHAPPEN

 6 Port.  25 Min.  Leicht

Zutaten

75 g Niter Kebbeh (äthiopisches Butterschmalz - oder Butterschmalz, ungesalzene Butter)
50 ml Wasser
2 Knoblauchzehen
1 Jalapeño
½ Zwiebel
4 EL Olivenöl
3 EL Berbere-Gewürz (oder scharfe Gewürzmischung)
1 EL Zitronensaft
1 TL schwarzer Pfeffer (gemahlen)
½ TL Kreuzkümmel + Ingwer (gemahlen)
½ TL Salz

Küchenutensilien:
1 Schüssel
1 Pfanne

Nährwerte p. P.

486 kcal
3 g Kohlenhydrate
43 g Fett
20 g Eiweiß

1 In einer Schüssel sämtliche Gewürze mit dem Wasser sowie einem Esslöffel Öl vermengen. Das Ganze so gut verrühren, dass sich eine Paste bildet. Diese ist die Awaze-Sauce.

2 Das Fleisch abspülen und abtupfen. Mögliche Sehnen und Fett abschneiden und in mundgerechte Stücke schneiden.

3 Zwiebel und Knoblauch schälen und klein hacken. Jalapeño teilen, Kerne entfernen und in Streifen schneiden.

4 In der Pfanne das übrige Öl erhitzen, das Fleisch dazugeben und bei starker Hitze unter stetem Rühren leicht bräunlich anbraten. Danach aus der Pfanne nehmen und warmstellen.

5 In dieser Pfanne das Schmalz verflüssigen. Darin die in Schritt 3 zubereiteten Zutaten ca. 2 - 3 Minuten anbraten und anschließend die Awaze-Sauce hinzufügen. Bei geringer Hitze alles fünf Minuten köcheln lassen.

6 Das Rindfleisch in der Saucenpfanne unterheben und den Zitronensaft dazugeben. Das Ganze bei mittlerer Hitze nochmals 4 - 5 Minuten köcheln lassen.

SENIG

GEFÜLLTE SCHARFE CHILIS

4 Port. 15 Min. Leicht

Zutaten

500 ml Wasser
8 Anaheim-Chilischoten (oder andere lange, grüne Chilis)
2 Eiertomaten
2 Zwiebeln
3 EL Sonnenblumenöl
1 EL Weißweinessig
1 EL Zitronensaft
1 TL Salz
1 TL schwarzer Pfeffer (frisch gemahlen)

Küchenutensilien:
2 Schüsseln
1 Topf

Nährwerte p. P.

199 kcal
6 g Kohlenhydrate
12 g Fett
3 g Eiweiß

1 Die Zwiebeln schälen und hacken. Die Tomaten waschen, die Schale einritzen und im Topf mit heißem Wasser blanchieren. Die Tomatenhaut abziehen, die Samen entfernen und das Fleisch fein hacken.

2 In der Schüssel Öl, Essig und Zitronensaft mischen. Diese Vinaigrette salzen und pfeffern.

3 Tomaten und Zwiebeln in der zweiten Schüssel vermengen. Die Vinaigrette dazugeben und alles gut durchmengen.

4 Die Chilischoten am Stiel T-förmig ein- und der Länge nach aufschneiden. Die Samen mit einem Löffel entfernen. Nun werden die Chilis gefüllt.

FETIRA BE ENKULAL

EIERPASTETEN

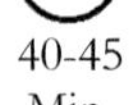

6 Port. | 40-45 Min. | Leicht

Zutaten

400 g Vollkornmehl
240 ml warmes Wasser
3 Eier
2 Jalapeño
1 Zwiebel
9 EL Sonnenblumenöl (oder Rapsöl)
2 TL Salz

Küchenutensilien:
1 Rührschüssel
1 Küchentuch

Nährwerte p. P.

572 kcal
35 g Kohlenhydrate
43 g Fett
9 g Eiweiß

1 In der Schüssel Mehl, einen Teelöffel Salz, Wasser und drei Esslöffel Öl miteinander vermischen. Den Teig kneten, bis er homogen erscheint.

2 Den Teig in sechs Portionen teilen sowie anschließend zu Kugeln formen, mit Öl bestreichen, auf einem feuchten Küchentuch ca. 12 - 15 Minuten ruhen lassen.

3 Zwiebel schälen und fein hacken. Die Jalapeño waschen, halbieren, von den Samen befreien und ebenfalls fein hacken.

4 In einer Schüssel die Eier aufschlagen. Zwiebel, Jalapeño und das restliche Salz mit den Eiern vermengen.

5 Die Küchenplatte und das Nudelholz einölen. Den Teig nun dünn ausrollen. Es sollen Quadrate mit etwa 10 cm Durchmesser entstehen.

6 Die Pfanne auf mittlerer Stufe mit einem Esslöffel Öl erhitzen. Alle vier Seiten des Teiges leicht hochklappen. Darin ein Sechstel der Ei-Masse hineinfüllen. Die Ecken übereinander klappen und das Ganze mit Öl bestreichen. Vorsicht - der Teig darf nicht reißen.

7 Nacheinander alle Pasteten mit jeweils einem Esslöffel Öl unter mehrfachem Wenden in fünf Minuten goldbraun knusprig ausgebacken. Nach jedem Wenden mit dem Öl bestreichen.

8 Vor dem Servieren die Pasteten in ca. 2,5 cm große Stücke schneiden.

BUNA KELA

BUTTERGERÖSTETE KAFFEEBOHNEN

50 g 2 Std. Leicht

Zutaten

50 g grüne Kaffeebohnen
200 ml Wasser
3 Kardamomkapseln
2 Stängel Zitronengras
3 EL Niter Kebbeh
½ TL Ingwer (frisch gerieben)
1 Prise Schwarzkümmel (gemahlen)
1 Prise Salz

Küchenutensilien:

1 Schüssel
1 Sieb
1 Topf
Küchenpapier

Nährwerte p. P.

14 kcal
1 g Kohlenhydrate
2 g Fett
1 g Eiweiß

1 Die Kardamomkapseln mit den Fingern aufbrechen und die Samen entnehmen. Das Zitronengras putzen und längs pro Stängel in neun Teile schneiden.

2 Die Bohnen in der Schüssel mit Wasser verlesen. Schadhafte Bohnen sowie Steinchen entfernen, anschließend im Sieb abtropfen lassen und auf einem Küchenpapier ausbreiten.

3 Die Butter im Topf bei schwacher Hitze sanft zerlassen. Unter stetem Rühren die Bohnen darin anrösten.

4 Sobald die Butter aufgenommen ist, erneut einen Esslöffel Niter Kebbeh hinzufügen. Den Topfinhalt etwa eine Stunde vor sich hin köcheln lassen und gelegentlich umrühren.

5 Ein Drittel des Zitronengrases sowie Kardamom und Schwarzkümmel dem Kaffeebohnentopf beimengen. Das Ganze unter halb offenem Deckel ca. 30 Minuten garen.

6 Das Zitronengras entfernen, durch ein frisches Drittel austauschen und weitere 15 Minuten garen. Die Bohnen müssen dunkel erscheinen und beim Umrühren hohl klingen.

7 Salz sowie Ingwer untermischen. Das übrige Zitronengras unterrühren. Nun das Ganze weitere fünf Minuten köcheln lassen. Die Bohnen können sowohl warm als auch kalt gegessen werden.

KATEGNA

4 Port.

10 Min.

Leicht

Zutaten

200 g Niter Kebbeh
4 Injera
2 TL Berbere

Küchenutensilien:
Backofen

Nährwerte p. P.

373 kcal
1 g Kohlenhydrate
42 g Fett
1 g Eiweiß

1 Den Backofen auf 180 Grad Celsius Oberhitze vorheizen. Injera mit Gewürzbutter bestreichen und dem Berbere bestreuen.

2 Die Fladenbrote bleiben im Backofen, bis die Butter aufgenommen wurde und der Boden knusprig ist. Die Brote zusammenfalten und warm genießen.

KEY SIR

GESCHMORTE ROTE BETE

4 Port. | 1 Std. 25 Min. | Leicht

Zutaten

450 g Rote Bete
350 ml Wasser
2 Knoblauchzehen
1 Zwiebel
1 Jalapeño
½ Zitrone
3 EL Sonnenblumenöl (oder Rapsöl)
1 TL Salz

Küchenutensilien:
1 Pfanne

Nährwerte p. P.

175 kcal
10 g Kohlenhydrate
14 g Fett
2 g Eiweiß

1 Die Knollen unter fließendem Wasser putzen und schälen. Anschließend halbieren und in Scheiben von ca. 1,5 cm Dicke schneiden. Diese Scheiben zu pommesähnlichen Stiften verarbeiten.

2 Zwiebel sowie Knoblauch schälen und fein hacken. Das Öl in der Pfanne auf niedrige bis mittlere Temperatur erhitzen. Die Zwiebel darin für 8 - 10 Minuten glasig anschwitzen. Den Knoblauch für etwa eine Minute mitdünsten, bis es duftet.

3 Rote Bete hinzufügen, ordentlich salzen und ca. 350 ml Wasser angießen. Unter dem Deckel die Bete zwischen 45 und 60 Minuten garen lassen. Die Flüssigkeit sollte verkocht, das Gemüse weich sein.

4 Diesen Snack kaltstellen. Jalapeño waschen, deren Samen entfernen und in feine Ringe schneiden. Die Ringe sowie den frischen Zitronensaft erst kurz vor dem Servieren hinzufügen.

KOLO

KNABBERMIX

8 Port. 30 Min. Leicht

Zutaten

375 g Gerstengraupen
125 g Erdnusskerne
½ EL Sonnenblumen-kerne
1 EL Salz

Küchenutensilien:
1 Pfanne
1 Schüssel

Nährwerte p. P.

267 kcal
35 g Kohlenhydrate
10 g Fett
9 g Eiweiß

1 Die Graupen ohne Fett in einer Pfanne unter stetem Rühren bei mittlerer Temperatur ca. 12 - 15 Minuten rösten. Sie sollen kräftig gebräunt sein und ein nussiges Aroma haben. Anschließend in eine Schüssel geben.

2 In der Pfanne erneut ohne Fett und bei mittlerer Hitze die Erdnusskerne fünf Minuten rösten. Diese mit den Graupen vermischen. Die Sonnenblumenkerne nach gleicher Routine etwa drei Minuten rösten.

3 Den Knabbermix nochmals kurz erwärmen und sofort mit dem Salz bestreuen. Alles gut vermengen. Den Snack vor dem Servieren ein wenig abkühlen lassen.

GORED-GORED

ROHES RINDERFILET

4 Port. 10 Min. Leicht

Zutaten

500 g Rinderfilet
65 g Niter Kebbeh
80 ml Awaze
2 - 4 TL Salz

Küchenutensilien:
1 Topf

Nährwerte p. P.

281 kcal
1 g Kohlenhydrate
20 g Fett
27 g Eiweiß

1 Das Fleisch waschen, trocken tupfen und eventuell von Fett und Sehnen befreien. Nun in etwa 2 cm große Würfel schneiden und nach persönlichen Vorlieben salzen.

2 Die Butter im Topf bei niedriger Temperatur zerlassen. Awaze unterrühren und das Ganze eine Minute unter stetem Rühren garen. Es soll alles gut vermengt sein. Danach abkühlen lassen.

3 Die Rindfleischwürfel von allen Seiten mit der Würzbutter bedecken und servieren.

Süßspeisen und Desserts

Die äthiopische Küche hat für die Schleckermäuler ein paar sensationelle Nachspeisen beziehungsweise süße Gaumenfreuden zu bieten. Ob als Bereicherung zur Mahlzeit oder als kleines Highlight während des Tages oder am Abend überzeugen folgende Desserts.

ÄTHIOPISCHE TUILES

24 Port. 35 Min. Leicht

Zutaten

100 g Puderzucker
Schalenabrieb ½ Zitrone
3 ½ EL Vollkornmehl
3 EL Erdnüsse (gemahlen)
2 ½ EL Gerstenkörner
2 EL Butter
2 TL Orangensaft (frisch gepresst)
2 TL Zitronensaft (frisch gepresst oder Limettensaft)

Küchenutensilien:
1 Pfanne
1 Schüssel
1 Topf
1 Spritzbeutel mit mittelgroßer Tülle
1 Flasche (oder Nudelholz)
2 Backbleche
Backpapier
Backofen

Nährwerte p. P.

44 kcal
6 g Kohlenhydrate
2 g Fett
1 g Eiweiß

1 In der Pfanne die Gerstenkörner ohne Fett 4 - 5 Minuten knusprig anrösten. Die Pfanne dabei zudecken, weil die Körner herumspringen. Sie dürfen nicht anbrennen.

2 In der Schüssel Puderzucker, Mehl und gemahlene Erdnüsse vermengen. Den Schalenabrieb untermischen.

3 Als Nächstes die Säfte sowie die Gerste dazugeben. Die Butter im Topf zerlassen und ebenfalls unterheben. Alles gut miteinander mischen.

4 Die Masse in den Spritzbeutel mit mittelgroßer Lochtülle füllen und vollständig im Kühlschrank abkühlen lassen.

5 Den Backofen auf 170 Grad Celsius Oberhitze vorheizen. Derweil zwei Backbleche mit Backpapier auslegen. Kleine Kleckse des Teiges auf die Bleche geben. Es sollte größerer Abstand gelassen werden, da sich der Teig ausdehnt.

6 Die Tuiles ca. zehn Minuten im Ofen backen, bis sie goldbraun sind. Solange die Backwaren noch warm sind, um einen Flaschenhals oder ein Nudelholz biegen. So entsteht die typische gewölbte Form. Zum Schluss auf den Blechen abkühlen lassen.

PIKANTER BLÄTTERTEIG

6 Port. | 30-40 Min. | Mittel

Zutaten

450 g Maulbeeren (oder Brombeeren, Himbeeren)
250 g Hülsenfrüchte
200 g süße Sahne
1 Packung Blätterteig
3 EL Puderzucker
1 TL Zimt (gemahlen)
1 Prise Mitmita

Küchenutensilien:
1 Nudelholz
1 Schüssel
1 Spritzbeutel mit mittelgroßer Lochtülle
1 Backblech
Backpapier
Backofen

Nährwerte p. P.

260 kcal
23 g Kohlenhydrate
16 g Fett
5 g Eiweiß

1 Den Backofen auf 180 Grad Celsius Oberhitze vorheizen. Den Blätterteig zu einem Quadrat von ca. 30 cm ausrollen. Dabei hilft das Nudelholz. Den Teig auf das mit Backpapier ausgelegte Backblech legen und mit Mitmita bestreuen.

2 Obenauf eine weitere Lage Backpapier geben. Darauf gleichmäßig die Hülsenfrüchte verteilen. Somit geht der Teig beim Backen nicht auf.

3 Auf der mittleren Schiene den Blätterteig nun ca. 15 Minuten backen. Er sollte von unten goldbraun sein. Die obere Backpapierschicht samt Hülsenfrüchten entfernen und den Teig weitere 5 – 10 Minuten knusprig backen. Den warmen Blätterteig in 5 x 10 cm große Stücke schneiden.

4 Die Sahne in einer Schüssel steif schlagen und in den Spritzbeutel mit Lochtülle füllen. Die Beeren waschen.

5 Auf eine Teigbahn außen und in der Mitte die Maulbeeren platzieren. Dazwischen mit Sahne auffüllen. Zimt darüber streuen und die zweite Teigschicht aufsetzen. Entweder bleibt es so oder es wird eine dritte Etage obenauf angerichtet. Final wird der Puderzucker on top gestreut.

FETIRA

HONIG-BLÄTTERTEIGGEBÄCK

6 Port.

40 Min.

Mittel

Zutaten

400 g Vollkornmehl
240 ml warmes Wasser
6 EL flüssiger Honig
5 EL Sonnenblumenöl (oder Rapsöl)
1 TL Salz

Küchenutensilien:
1 Rührschüssel
1 Küchentuch
1 Küchenpinsel
1 Nudelholz
1 Pfanne

Nährwerte p. P.

331 kcal
48 g Kohlenhydrate
12 g Fett
7 g Eiweiß

1 In einer großen Schüssel Mehl, drei Esslöffel Öl und Salz mit 240 ml warmem Wasser vermengen. Den Teig nun auf der bemehlten Küchenplatte geschmeidig verarbeiten.

2 Den Gebäckteig in sechs Teile teilen. Diese zu Kugeln mit ca. 5 cm Durchmesser formen. Mit Öl bestrichen und ca. 12 – 15 Minuten auf dem Küchentuch ruhen lassen.

3 Arbeitsplatte und Nudelholz mit Öl bestreichen. Die Teigkugeln zu kleinen, dünnen Quadraten formen. (Der Teig darf nicht reißen.)

4 Die Quadrate mit Öl einpinseln. Jeweils das obere sowie untere Drittel zur Mitte falten. Das entstandene Rechteck auch seitlich von den äußeren Dritteln einklappen. Es sollte ein etwa 10 - 15 cm großes Quadrat entstehen.

5 Die Pfanne auf mittlerer Stufe erhitzen. Darin die Quadrate ca. fünf Minuten von beiden Seiten goldgelb anbraten.

6 Wenn der Teig aufgeht, die Ränder mit dem restlichen Öl einpinseln. So werden sie knusprig und goldbraun.

7 Die Quadrate noch warm diagonal einschneiden und großzügig mit dem Honig beträufeln.

GERÖSTETE EISCREME

8 Port.

4 Std.
40 Min.

Leicht

Zutaten

500 g Aprikosen
50 g Vollrohrzucker
475 ml Sahne
60 ml Honig
1 TL Pflanzenöl
1 Prise Salz

Küchenutensilien:
1 Standmixer
1 Topf
1 Schüssel
1 Backblech
Backofen
(1 Eismaschine)

Nährwerte p. P.

291 kcal
23 g Kohlenhydrate
22 g Fett
2 g Eiweiß

1 Den Backofen auf 180 Grad Celsius Oberhitze vorheizen sowie das Backblech ein wenig einfetten.

2 Die Aprikosen waschen, halbieren, entsteinen und vierteln. Anschließend auf das Blech legen und mit zwei Esslöffeln Zucker bestreuen. Die Aprikosen ca. 20 Minuten backen, bis der Fruchtsaft blubbert und karamellisiert. Die Früchte abkühlen lassen und anschließend im Standmixer grob pürieren.

3 Die restlichen Zutaten im Topf erwärmen. Die süßen Komponenten sollen sich auflösen. Wenn die Masse glatt ist, diese in eine Schüssel geben. Die Aprikosen unterrühren und alles vier Stunden oder besser über Nacht im Kühlschrank lagern.

4 In der Eismaschine das Ganze cremig schlagen. Alternativ gelingt dies auch im Gefrierfach. Die Eiscreme nun mindestens vier Stunden erkalten lassen.

KAFFEE-MOUSSE

6 Port. 9 Std. Mittel

Zutaten

310 g körniger Vollrohrzucker
30 g feiner Vollrohrzucker
15 g Butter
10 g Gelatine
375 ml Sahne
250 ml Vollmilch
30 ml Kaffeepulver
4 Bananen
2 Eier
1 EL Wasser
1 Prise Salz

Küchenutensilien:
3 Schüsseln
2 Töpfe
1 Sieb

Nährwerte p. P.

447 kcal
63 g Kohlenhydrate
20 g Fett
5 g Eiweiß

1 In der Schüssel die Gelatine in 15 ml Wasser auflösen und zur Seite stellen.

2 Milch, 60 g körnigen Vollrohrzucker sowie den Kaffee im Topf mischen. Das Ganze aufdampfen, aber nicht kochen.

3 Die Eier trennen. Den Kaffee durch ein Sieb abseihen. Danach die Eigelbe in die Milch rühren.

4 In der zweiten Schüssel das Eiweiß mit dem Schneebesen schaumig schlagen. Den feinen Zucker peu à peu einrühren und aufschlagen.

5 In der nächsten Schüssel 250 ml Sahne steif schlagen. Die Sahne sowie die Eiweiß-Masse vorsichtig unter die Milch heben. Mit einem Metalllöffel gelingt das gut. Die Luft darf nicht zu sehr herausgeschlagen werden, demzufolge ruhig einarbeiten.

6 Jetzt die Gelatine unterrühren. In mindestens zwei Stunden oder besser noch über Nacht sollte die Mousse nun fest werden.

7 Im Topf den übrigen Zucker und das Wasser mischen. Beim Erwärmen gut umrühren, beim Kochen nicht mehr!

8 Die Bananen schälen und in dünne Scheiben schneiden. Zeigt sich eine tiefbraune Farbe, die restliche Sahne, das Salz sowie die Butter hinzufügen. Bei schwacher Hitze die Bananenscheiben darin wenden und auskühlen.

9 Mousse portionieren und ein paar Bananenstücke on top geben.

YENATE TELBA KURS

BANANENPÜREE

2 Port. 10 Min. Leicht

Zutaten

60 ml Milch (1,5 % Fett)
2 reife Bananen
2 EL Leinsamen
Saisonfrüchte

Küchenutensilien:
1 Pfanne
1 Gewürzmühle
1 Standmixer

Nährwerte p. P.

154 kcal
31 g Kohlenhydrate
2 g Fett
3 g Eiweiß

1 Als Erstes die Leinsamen ohne Fett in der Pfanne bei schwacher bis mittlerer Temperatur ca. zwei Minuten anrösten. Sie sollen aromatisch duften. In der Gewürzmühle die ausgekühlten Leinsamen mahlen.

2 Die Bananen schälen, grob zerteilen und mit der Milch und den Leinsamen in den Standmixer geben. Es soll ein dickes, glattes Püree entstehen. Mitunter bedarf es ein wenig mehr Milch.

3 Die frischen Früchte waschen, notfalls entsteinen oder entkernen und entweder ganz oder halbiert beziehungsweise in Spalten als Garnierung auf dem Bananenpüree arrangieren.

HAFERPFANNKUCHEN

4 Port. 40 Min. Leicht

Zutaten

220 g Hafermehl
450 - 600 ml lauwarmes Wasser
1 TL Leinsamenöl
¼ TL Salz

Küchenutensilien:
1 Schüssel
1 Pfanne

Nährwerte p. P.

236 kcal
40 g Kohlenhydrate
6 g Fett
6 g Eiweiß

1 Das Mehl in eine Schüssel sieben. Dann das Wasser unterrühren und so lange mischen, bis die Masse zu schäumen beginnt.

2 Die Pfanne auf mittlere Hitze erwärmen und mit dem Öl einstreichen. Den Teig bodenbedeckend einfüllen. Es darf entweder eine dünne Variante a la französischer Crêpe oder eine dickere Version gemäß deutschem Eierpfannkuchen angesetzt werden. Die Garzeit verlängert sich entsprechend dieser Wahl

3 Wenn es zu pfeifen beginnt oder sich Blasen bilden, den Deckel auflegen und ca. 5 - 7 Minuten garen.

4 Den Pfannkuchen wenden und nochmals 2 - 4 Minuten backen. Es darf nicht übergart werden, die Haferpfannkuchen sollten fluffig bleiben. Anschließend warmhalten, bis der Teig aufgebraucht ist.

CHICKO

GERSTENKONFEKT

24 Port. 30 Min. Leicht

Zutaten

200 g Perlgraupen
100 g Niter Kebbeh
2 Prisen Salz

Küchenutensilien:
1 Gewürzmühle
1 Schüssel
1 Backblech
Backofen

Nährwerte p. P.

60 kcal
6 g Kohlenhydrate
4 g Fett
1 g Eiweiß

1 Den Backofen auf 150 Grad Celsius Oberhitze vorheizen. Die Graupen auf dem Blech verteilen und 20 Minuten unter gelegentlichem Rühren rösten.

2 In der Gewürzmühle die Graupen nun mahlen. Die festen Rückstände heraussieben und nochmals mahlen. Es sollten etwa 185 g Graupenmehl entstehen.

3 In einer Schüssel die Hälfte des Mehls, die Gewürzbutter sowie das Salz zu einem feuchten Teig vermischen. Mit dem restlichen Mehl die gewünschte Struktur erzielen.

4 Auf der Arbeitsplatte den Teig dick ausrollen und in ca. 2,5 cm große Quadrate schneiden. Es darf frisch genossen oder gelagert werden. Falls es im Kühlschrank gelagert wird, sollte es vor dem Servieren auf Zimmertemperatur gebracht werden.

Getränke

Das Nationalgetränk schlechthin stellt der Kaffee dar. In richtigen Zeremonien wird der pure Genuss zelebriert. Für diverse Anlässe locken einige weitere besondere Getränke zum Verzehr. Und der Spris (Schichtfruchtsmoothie) stellt bereits ein global begehrtes Getränk dar – auch ohne Alkohol.

GERÄUCHERTE MILCH

2 Liter

25-30 Min.

Leicht

Zutaten

2 l Vollmilch
100 ml Wasser
2 Olivenzweige (oder 200 g Räucherspäne)

Küchenutensilien:
1 Tonkrug mit verschließbarem Deckel (oder Steinguttopf zum Einlegen)
Alufolie

Nährwerte p. P.

1352 kcal
94 g Kohlenhydrate
80 g Fett
64 g Eiweiß

1 Den Steinkrug mit frischem Wasser ausspülen. Den Krug auf dem Kopf stehend abtropfen lassen. Er sollte aber nicht komplett austrocknen.

2 Die Zweige an einem Ende anzünden und das Feuer leicht ausblasen, sodass es anfängt zu glimmen. Sofort den Krug darüber stellen. Der Rauch sollte etwa eine Minute im Topf verbleiben.

3 In einer schnellen Bewegung den Krug umdrehen und rasch mit der Milch füllen. Den Deckel auflegen und die Ränder am besten mit Alufolie versiegeln. Es soll dabei möglichst wenig Rauch entweichen. Die Milch kann im Kühlschrank bis zu zwei Tage gelagert werden.

Tipp: Auf diese Weise lässt sich ebenso einfach geräuchertes Wasser erzeugen. Dieses hält an einem kühlen Standort etwa eine Woche.

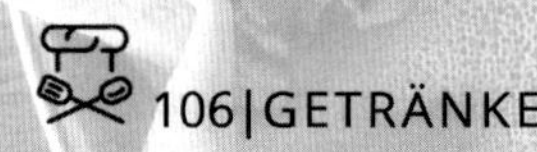

ETHIOPIAN SPRIS

SCHICHTFRUCHTSMOOTHIE

3 Port.

15 Min.

Leicht

Zutaten

200 g Zucker
200 g Eis
200 ml Wasser
2 Avocado
1 Mango (reif)
¼ reife Papaya
3 EL Limettensaft

Küchenutensilien:
1 Pürierstab

Nährwerte p. P.

528 kcal
92 g Kohlenhydrate
20 g Fett
3 g Eiweiß

1 Die Papaya waschen, halbieren und vierteln. Mango sowie Avocado vom Stein trennen und in kleine Stückchen schneiden.

2 Alle Früchte separat mit dem Mixer pürieren. Die restlichen Zutaten zu je einem Drittel unter die Fruchtmuse rühren und alles nochmals glatt sowie cremig pürieren.

3 Die Gläser nun erst mit Papaya, dann Avocado und zum Schluss mit Mango füllen. Darauf achten, dass sie sanft geschichtet werden und nicht ineinander versinken.

AWASH TEKESHENO

COCKTAIL

4 Port. 5 Min. Leicht

Zutaten

250 ml Awash Weißwein
250 ml Bedele Bier
500 ml Sprite
12 Eiswürfel

Nährwerte p. P.

112 kcal
15 g Kohlenhydrate
1 g Fett
1 g Eiweiß

1 Alle Zutaten miteinander vermischen.

2 Den Cocktail aufteilen und mit drei Eiswürfeln pro Glas kühlen.

ASHARA

CASCARA-AUFGUSS

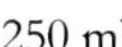

250 ml | 10 Min. | Leicht

Zutaten

250 ml Wasser
3 Kardamomkapseln
1 EL Cascara (Kaffeekirschentee)
1 TL Honig

Küchenutensilien:
1 Topf
1 Teekanne
1 Sieb

Nährwerte p. P.

60 kcal
15 g Kohlenhydrate
1 g Fett
1 g Eiweiß

1 Das Wasser im Topf aufkochen. Die Teekanne mit heißem Wasser ausspülen und Cascara hineinlegen.

2 Die Kardamomkapseln zwischen den Fingern zerdrücken und in die Kanne geben.

3 Das heiße Wasser in die Teekanne gießen und alles 2 - 3 Minuten ziehen lassen.

4 Den Aufguss durch ein Sieb in die Gläser füllen. Ein wenig Honig nach persönlichem Geschmack ist erlaubt.

HELEMUR

6 Port. | 12 Std. 55 Min. | Leicht

Zutaten

240 g Perlhirsemehl
120 g Gerstenmalzmehl
40 g Vollrohrzucker
1 l Wasser
1 TL Schwarzkümmel (gemahlen)
1 TL Zimt (gemahlen)
1 TL Gewürznelken (gemahlen)
1 TL Bockshornkleesamen (gemahlen)
1 TL Rapsöl

Küchenutensilien:
1 große Schüssel
1 Holzlöffel
1 flache Pfanne
1 Sieb

Nährwerte p. P.

205 kcal
45 g Kohlenhydrate
2 g Fett
4 g Eiweiß

1 Als Erstes die Mehlsorten mit den Gewürzen in einer Schüssel vermengen.

2 Mit einem Holzlöffel nach und nach 500 ml Wasser mit dem Schüsselinhalt verrühren. Das Ganze zu einem homogenen Teig vermengen. Diesen abgedeckt über Nacht an einem warmen Standort ruhen lassen.

3 Eine flache Pfanne mit dem Öl einstreichen und auf mittlere Hitze erwärmen. Darin eine dünne Schicht des Teiges ca. 2 – 3 Minuten backen, bis er leicht festklebt. Eventuell den Teig wenden und durchbacken.

4 Die ausgekühlten Fladen in die Schüssel krümeln. 500 ml Wasser erwärmen und darin den Zucker lösen.

5 Das Zuckerwasser über die Teigbruchstücke gießen und ca. 30 Minuten einweichen lassen. Die Flüssigkeit durch ein Sieb in die Trinkgefäße oder eine Kanne gießen.

TELLA

10 Liter

14 Tage

Mittel

Zutaten

1 kg Enkuro (Gerstenmehl)
250 g Gesho Kitel/Gesho Enchet (Blätter und Stängel der Hopfenpflanze)
250 g Teffmehl
250 g Bikil (gemahlenes Weizenmalz)
10 l Wasser

Küchenutensilien:
1 Gärtopf
1 Pfanne
1 Sieb

Nährwerte p. P.

106 kcal
20 g Kohlenhydrate
1 g Fett
4 g Eiweiß

1 Im großen Topf die Hälfte des Gesho Kitel/Gesho Entchet in 1,25 Liter Wasser einlegen. Die Mischung ca. drei Tage gären lassen.

2 Sobald das Ganze gärt, drei weitere Liter Wasser ansetzen. Darin die restliche Menge Gesho Kitel/Gesho Entchet sowie die Hälfte des Teffmehls mischen. Alles nun weitere drei Tage ziehen lassen.

3 In der Pfanne portionsweise das Gerstenmehl ohne Fett rösten, bis es sich dunkelbraun färbt. Dies nun mit dem übrigen Teffmehl in den Topf geben. Alles gut mischen und nochmals drei Tage ziehen lassen.

4 Den Rest des Wassers ansetzen und den Topfinhalt fünf Tage samt Bikil gären lassen. Abschließend filtern und servieren.

BULLA

2 Port.

10 Min.

Leicht

Zutaten

100 g Bulla-Pulver (gemahlene Zierbananenwurzel)
400 ml Milch
2 EL Niter Kebbeh
1 TL Mitmita
1 Prise Salz
1 Prise schwarzer Pfeffer (frisch gemahlen)

Küchenutensilien:
1 Schüssel
1 Topf

Nährwerte p. P.

185 kcal
17 g Kohlenhydrate
12 g Fett
5 g Eiweiß

1 In der Schüssel Bulla-Pulver und Milch mischen. Dies auf mittlerer Temperatur im Topf aufkochen.

2 Die Milch mit Salz und Pfeffer würzen und ca. 3 - 4 Minuten klebrig einkochen.

3 Mitmita sowie Butter unterrühren und warm servieren.

Tipp: Schockgefrostete Bananen lassen sich einfach zersplittern. Wenn diese Splitter auftauen und anschließend trocknen, steht ein adäquates Bulla-Pulver zur Verfügung. Bananen können alternativ im Standmixer auch zerkleinert und dieser Mix getrocknet werden. Dann muss regelmäßig nach jeder Stunde das Püree gewendet und später zerkrümelt werden. So entsteht ebenfalls das „Bananenpulver".

HONEY WINE

ÄTHIOPISCHER HONIGWEIN

6 Port.

10 Min.

Leicht

Zutaten

50 g Honig
400 ml Weißwein
400 ml Wasser

Küchenutensilien:
1 Krug (oder 1 Topf)

Nährwerte p. P.

93 kcal
10 g Kohlenhydrate
1 g Fett
1 g Eiweiß

1 Alle Zutaten im Krug miteinander mischen.

Tipp: Wenn der Honig zu dickflüssig ist, kann er im Topf auf dem Herd erwärmt werden. So lässt er sich besser unterrühren.

KAHAWA

ÄTHIOPISCHER KAFFEE

6 Port. 20 Min. Leicht

Zutaten

60 g Kaffee (gemahlen)
1 l Wasser
2 Kardamomschoten
¼ TL Ingwer (frisch gemahlen)

Küchenutensilien:
1 Topf
1 Sieb

Nährwerte p. P.

26 kcal
5 g Kohlenhydrate
1 g Fett
1 g Eiweiß

1 Das Wasser im Topf aufkochen. Die Kardamomschoten zerquetschen und im heißen Wasser zehn Minuten köcheln lassen.

2 Den Herd auf schwache Hitze stellen und den Kaffee für ca. fünf Minuten hinzugeben. Der Ingwer sorgt während der Brühzeit für den Kick.

3 Den Kaffee durch ein feines Sieb in die Tassen abseihen. Er darf nach persönlichen Vorlieben gesüßt werden.

TELBA

LEINSAMENGETRÄNK

4 Port. 45 Min. Leicht

Zutaten

200 g Leinsamen
1,2 l Wasser
2 EL Honig

Küchenutensilien:
1 Pfanne
1 Topf
1 Sieb

Nährwerte p. P.

274 kcal
13 g Kohlenhydrate
17 g Fett
9 g Eiweiß

1 Die Pfanne bei schwacher Temperatur aufheizen. Leinsamen bei stetem Rühren darin 7 - 10 rösten und anschließend abkühlen lassen.

2 Die Samen in der Gewürzmühle mahlen und in den Topf mit dem Wasser sieben. Den Inhalt umrühren und ca. 15 – 20 Minuten stehen lassen.

3 Das Ganze in den Krug abseihen und mit dem Honig veredeln. Das Getränk sollte vor dem Servieren gekühlt werden.